Posicionamiento en la web para el emprendimiento. COMM061PO

Yolanda López Benítez

Posicionamiento en la web para el emprendimiento. COMM061PO
© Yolanda López Benítez

1ª Edición

© IC Editorial, 2024

Editado por: IC Editorial
c/ Cueva de Viera, 2, Local 3
Centro Negocios CADI
29200 Antequera (Málaga)
Teléfono: 952 70 60 04
Fax: 952 84 55 03
Correo electrónico: iceditorial@iceditorial.com
Internet: www.iceditorial.com

ISBN: 978-84-1184-512-0
Depósito Legal: MA 2941-2024

Impresión: PODiPrint
Impreso en Andalucía – España

Nota de la editorial: IC Editorial pertenece a Innovación y Cualificación S. L.

Especialidad formativa

Se entiende por especialidad formativa la agrupación de contenidos, competencias profesionales y especificaciones técnicas que responde a un conjunto de actividades de trabajo enmarcadas en una fase del proceso de producción y con funciones afines.

Las especialidades formativas de Uso General, Formación Complementaria, Formación Modular y las especialidades formativas dirigidas a la obtención de certificados de profesionalidad se incluyen en el Fichero de Especialidades del Servicio Público de Empleo Estatal para su gestión en todo el territorio nacional por cualquier Administración competente.

Las especialidades complementarias, pertenecen todas a la Familia profesional de Formación Complementaria (FCO) y tienen la consideración de formación transversal en áreas que se consideran prioritarias tanto en el marco de la Estrategia Europea para el Empleo y del Sistema Nacional de Empleo como en las directrices establecidas por la Unión Europea. Se consideran áreas prioritarias las relativas a tecnologías de la información y la comunicación, la prevención de riesgos laborales, la sensibilización en medio ambiente, la promoción de la igualdad, la orientación profesional y aquellas otras que se establezcan por la Administración competente.

Las especialidades de Certificado de profesionalidad tienen una duración especificada en su normativa reguladora.

En el resultado de la búsqueda, se muestran las unidades de competencia, todos los módulos formativos con su duración y las unidades formativas del certificado correspondiente, con su duración. Las horas del certificado, exclusivo de las especialidades de certificado de profesionalidad, con alta igual o superior a 2008, son las horas totales más las horas del módulo de Prácticas Profesionales no Laborales.

➲ **Si la especialidad tiene unidades formativas,** las horas totales, presencial, distancia, teleformación serán igual a la suma de esas horas de las unidades formativas de los distintos módulos, sin que se repita ninguna Unidad formativa.

⊃ **Si la especialidad no tiene unidades formativas,** las horas totales, presencial, distancia, teleformación serán igual a las sumas de esas horas de los módulos formativos, eliminando las horas de los módulos repetidos.

https://sede.sepe.gob.es/especialidadesformativas/RXBuscadorEFRED/BusquedaEspecialidades.do

(Fuente: Servicio Público de Empleo Estatal)

Índice

OBJETIVOS GENERALES

Los objetivos generales del **COMM061PO. Posicionamiento en la web para el emprendimiento,** son los siguientes:

- ⮩ Aplicar técnicas de posicionamiento de páginas web a la hora de emprender un negocio, tanto las correspondientes al posicionamiento natural o SEO, como la creación de campañas de publicidad *online* (SEM), a la vez que aprender a ejecutar acciones que hagan que un nuevo negocio se sitúe entre los primeros puestos en los resultados de las búsquedas que realizan los usuarios en *Google, Yahoo, MSN* y otros buscadores, y obtener los conocimientos básicos para diseñar una web 3.0 como estrategia para dar mayor presencia a un negocio
- ⮩ Abordar la construcción de conocimientos básicos para el diseño de páginas web para empresas de nueva creación o ideas de emprendimiento, con el fin de que el negocio cuente con una buena presencia *online.*
- ⮩ Adquirir técnicas y conocimientos esenciales para la adecuada gestión en el posicionamiento de la web, que, unido a la puesta en marcha de estrategias de *marketing,* impulse el negocio a las primeras posiciones de búsqueda de resultados en los principales buscadores de internet.
- ⮩ Abordar los conocimientos necesarios para llevar a la práctica, como emprendedor de un negocio con presencia *online,* los análisis necesarios para valorar las respuestas de los usuarios a la propuesta empresarial, además de adquirir conocimientos de gestión en el diseño del sitio web del negocio.

Cómo posicionar páginas web cuando se emprende un negocio

Contenido

Objetivos

Los objetivos generales de esta Unidad de Aprendizaje son:

→ Abordar la construcción de conocimientos básicos para el diseño de páginas web para empresas de nueva creación o ideas de emprendimiento, con el fin de que el negocio cuente con una buena presencia *online*.

→ Adquirir técnicas y conocimientos esenciales para la adecuada gestión en el posicionamiento de la web, que, unido a la puesta en marcha de estrategias de *marketing,* impulse el negocio a las primeras posiciones de búsqueda de resultados en los principales buscadores de internet.

Los objetivos específicos de esta Unidad de Aprendizaje son:

→ Saber determinar palabras clave y aplicarlas al dominio, URL, título, encabezado, texto y etiquetas meta de la página web del negocio de nueva creación, utilizando las herramientas web para este fin.

→ Optimizar la URL de la página web de un negocio.

→ Determinar una *Meta Description* con el objetivo de facilitar a *Google* que comprenda mejor la temática del negocio.

→ Seleccionar una imagen de *Pixabay* acorde con la web y establecer el nombre de fichero y atributo Alt para esta imagen representativa del negocio.

→ Saber seleccionar una imagen de un banco de imágenes libres de derechos de autor y establecer el nombre de fichero y atributo Alt para el archivo representativo con la temática del negocio.

→ Reconocer un sitio de autoridad y buena calidad para enlazar contenidos.

1. Introducción

De la misma manera que en tiempos atrás el pilar básico en el que se sustentaba una empresa como referente era el propio producto o servicio que comercializaba, a día de hoy, en este **nuevo paradigma económico,** el papel protagonista de este diferente escenario es directamente el **cliente digital** o usuario web. Esto significa que dejan de tener peso específico en la toma de decisiones de compra aquellas que están basadas únicamente en el producto, a favor de aquellas otras decisiones basadas en las **experiencias de usuarios.**

Estos hábitos de consumo en la red son relativamente fáciles de detectar con las nuevas tecnologías. Para ello, las empresas, y en especial aquellos negocios de nueva creación, no solo necesitan conocer cómo se mueve, qué le interesa a este nuevo consumidor y cuáles son sus intenciones de compra, sino que además requieren tener una adecuada presencia allí donde se concentran la mayoría de sus potenciales clientes.

Dicho de otro modo, el ciberespacio brinda a las empresas y a los negocios la gran oportunidad de mostrar un **atractivo y atrayente escaparate** bien **visible** para todos aquellos clientes digitales que navegan por **internet;** una coyuntura mucho más económica y efectiva que deberá ser aprovechada por los emprendedores, pues son muchas las ventajas que ofrece frente a métodos empresariales convencionales.

Pero para poder fructificar estas oportunidades, será necesario conocer unos protocolos o **reglas básicas** para posicionar adecuadamente la **web del negocio,** además de otras acciones que ayudarán a conseguir el propósito de cualquier idea emprendedora.

Para el desarrollo del contenido, nos basaremos en el caso de Sonia, la protagonista de una historia cuya experiencia profesional te facilitará el proceso de aprendizaje y cuya personalidad emprendedora te ayudará a entender y comprender muchas de las decisiones que tomará para tener éxito en su nuevo negocio.

2. Posicionamiento en buscadores de empresas de nueva creación

☞ **HILO CONDUCTOR**

Sonia es una chica que, recientemente, y tras un fracaso laboral, decide reinventarse y enfocar su esfuerzo profesional a la enseñanza. Quiere aprovechar toda la experiencia y los conocimientos adquiridos durante muchos años dedicados al sector bancario para cultivar la educación financiera entre los más jóvenes. Pretende cultivar la educación financiera entre los más jóvenes. De esta manera, su intención es contribuir en una sociedad sentando unas bases de conocimiento sobre cultura económica desde la infancia. Tratará de generar conciencia y proveer a la sociedad de recursos educativos en esta materia. Su pretensión es ayudar a que muchas personas puedan evitar caer en ser víctimas en un futuro de nuevas crisis económicas.

Este nuevo enfoque profesional decide ejercerlo de manera autónoma; para ello se dispone a poner en marcha una nueva idea de negocio aprovechando los medios tecnológicos.

Antes de comenzar a profundizar en la temática, no está de más descartar una creencia que, *a priori*, puede parecer lógica pero que, sin embargo, a día de hoy no tiene ningún sentido. Y es que la globalización, las nuevas tecnologías y los nuevos modelos de consumo han hecho posible que cualquier **startup** o empresa emergente, sin necesidad de contar con cierto recorrido, pueda ocupar los primeros puestos del *ranking* en la búsqueda de resultados a través de internet, superando incluso a otros negocios solventes y de reconocido prestigio.

El posicionamiento web es una eficaz herramienta de despegue en una startup.

Es evidente que conseguir este objetivo requerirá de la puesta en marcha de **técnicas diversas.** No obstante, y aunque la visibilidad en internet es un factor determinante para una *startup,* la empresa de nueva creación deberá responder a las necesidades de los usuarios, es decir, cumplir con una serie de requisitos básicos exigidos por esta nueva economía digital que, a continuación, conocerás:

- **Trato directo:** el cliente del siglo XXI busca recibir un trato directo y lo más cercano posible. "Los tiempos cuentan"; esto significa que la inmediatez de respuesta debe ser un factor muy importante.
- **Multidisciplinar:** las empresas de nueva creación deben ser flexibles y lo menos estáticas posible, lo que quiere decir que para conseguir un objetivo se debe innovar desde enfoques diferentes. La opinión de distintos profesionales no solo es válida sino imprescindible, por lo que una *startup* se caracterizará por contar con una plantilla diversa que se enriquezca mutuamente desde la diversidad de opiniones en la búsqueda de soluciones para los clientes.
- **Cercana:** la cercanía al cliente es un factor que siempre se tiene en cuenta al inicio o comienzo de la actividad. Sin embargo, esta característica se va perdiendo a medida que la empresa va creciendo. Esto es un gran error, por lo que cualquier acción deberá ir dirigida a mantener esta cercanía con el usuario final.
- **Creciente:** existen empresas que mueren de la misma manera que nacen. No obstante, lo que caracteriza a una *startup* es que esta no deja de pensar en crecer desde el mismo momento que ve la luz. No le importa añadir líneas de negocio que en un principio no se contemplaban y tiene una capacidad de adaptación a las nuevas demandas de sus clientes.

Pero, ¿qué se entiende por **posicionamiento web**? ¿Y por qué es tan importante para una empresa de nueva creación?

DEFINICIÓN

Posicionamiento web

También es conocido como SEO; estas iniciales responden a *Search Engine Optimization,* cuya traducción podría entenderse como máquina de optimización de buscadores u optimización de motores de búsqueda. Este término engloba un conjunto de acciones y técnicas que permiten que una página web determinada sea localizada y aparezca en los primeros puestos de la Web, página de tal manera que, cuando un cliente, consumidor o usuario realice una búsqueda

Continúa en página siguiente >>

<< Viene de página anterior

mediante palabras, esta aparezca en las primeras posiciones de los resultados de búsqueda.

El SEO es una potente herramienta que engloba un conjunto de acciones cuyo objetivo es redirigir y aumentar el tráfico web de una empresa ocupando los primeros puestos de visibilidad en internet.

IMPORTANTE

De alguna manera, el posicionamiento web pretende dar presencia al negocio en el lugar, momento e instante en el que un usuario lo requiera.

Si deseas que tu idea emprendedora pueda despegar y, además, ocupe un lugar privilegiado en los resultados de búsqueda en la Web, necesitarás comprender algunos **conceptos básicos** sobre posicionamiento web.

Comenzarás familiarizándote con algunos de los **conceptos** con los que, posteriormente, trabajarás y que representan una pequeña parte pero muy importante del entramado que supone el posicionamiento web de una empresa de nueva creación.

Buscadores
- También denominados "motores de búsqueda", son servicios coordinados que funcionan como herramientas que permiten al usuario localizar información en internet.

Palabras clave
- También denominadas *Keywords,* son palabras o expresiones que permiten al usuario, al introducirlas en los buscadores de internet, acceder más fácilmente a información específica.

Dominio y URL
- El dominio hace referencia a la identificación de internet de un espacio con nombre único mientras que URL *(Uniform Resource Locator)*, o localizador uniforme de recursos, es un lugar donde se accede a recursos que pueden variar en el tiempo. Las URL permiten al buscador localizar el sitio web más fácilmente.

Enlaces
- El enlace, también denominado *link,* es un área de un sitio web, ya sea imagen o texto, que al pinchar en él te redirige a otro sitio web.

Contenidos
- Los contenidos webs son todos aquellos recursos de información que son expuestos en páginas web con el fin de transmitir información específica y relacionada con la temática tratada en ese espacio de internet.

 SABÍAS QUE...

Un motor de búsqueda es una herramienta en línea que permite a los usuarios buscar información en la web utilizando palabras clave o frases. Estos motores de búsqueda rastrean e indexan el contenido de diferentes sitios web para luego proporcionar resultados relevantes a las consultas de las personas usuarias.

El motor de búsqueda de *Google* es uno de los más populares y utiliza un algoritmo complejo llamado *PageRank* para determinar la relevancia de las páginas web en función de varios factores, como la calidad del contenido, la autoridad del sitio y la cantidad de enlaces entrantes que recibe una página.

Continúa en página siguiente >>

<< Viene de página anterior

El funcionamiento básico del motor de búsqueda de *Google* se traduce en estos pasos:

1. **Rastreo:** *Google* utiliza las llamadas "arañas" o "bots" automatizados para explorar la web, siguiendo enlaces de página en página y recopilando información sobre el contenido de cada página web.
2. **Indexación:** después de rastrear las páginas web, *Google* indexa la información recopilada en una enorme base de datos. Esto implica organizar y almacenar la información de manera que sea rápida y eficiente para recuperarla cuando un usuario realiza una búsqueda.
3. **Procesamiento de consultas:** cuando un usuario ingresa una consulta en el cuadro de búsqueda de *Google*, el motor de búsqueda procesa esa consulta y la compara con la información indexada en su base de datos.
4. **Algoritmo de clasificación:** *Google* utiliza su algoritmo *PageRank* junto con otros algoritmos para clasificar los resultados de búsqueda en función de su relevancia para la consulta del usuario. Es entonces cuando los resultados se ordenan de acuerdo con una combinación de factores relacionados con la calidad del contenido, la autoridad del sitio y la relevancia de las palabras clave utilizadas.
5. **Entrega de resultados:** finalmente, *Google* muestra los resultados de búsqueda en su página de resultados de búsqueda (SERP), mostrando los enlaces a las páginas web que considera más relevantes para la consulta del usuario, junto con títulos y descripciones que ayudan a las personas usuarias a determinar cuáles son los más útiles para ellas.

2.1. Buscadores y directorios

Ponte en la piel de un consumidor que está tratando de localizar un producto o servicio que le satisfaga la necesidad de solucionar un problema. El potencial cliente, para contar con mayores probabilidades de éxito, ahorrar tiempo y encontrar competencia que abarate el precio, acudirá a aquel sitio donde se concentre el mayor número de negocios que comercializa ese tipo de solución que anda buscando.

Por **ejemplo,** si desea comprar un colchón, es probable que se dirija a polígonos comerciales donde se concentre el mayor número de posibilidades para localizar la mejor oferta, o bien vaya directamente a un centro comercial donde pueda adquirirlo con total comodidad.

Pues bien, ahora imagina que vendes colchones y te encuentras en un **entorno digital** donde quieres que tus productos sean los primeros vistos cuando este cliente proceda a la **búsqueda utilizando internet.** ¿Qué aspectos deberás contemplar para que este cliente pueda valorar tu oferta en un escaparate universal como el que ofrece la web?

NOTA

El ámbito comercial ilimitado que ofrece internet requiere de elementos que faciliten la visibilidad de la empresa al cliente objetivo y además posibilite la búsqueda de soluciones a los usuarios. Sin estos elementos, sería como encontrar una aguja en un inmenso pajar.

- -

Como podrás ir comprobando en el desarrollo del contenido, son muchos los aspectos a tener en cuenta para hacer posible que la propuesta de tu negocio sea visible para tu público objetivo. Sin embargo, hay dos elementos importantes por donde deberás comenzar:

Buscadores
- El buscador es una herramienta informática cuya función es la de realizar una exploración continua de toda la red, permitiéndole ir agregando nuevas páginas web a su base de datos de tal manera que, cuando un usuario realice una búsqueda, esta herramienta genera una información ordenada estableciendo prioridades en base a algoritmos.

Directorios
- Un directorio es un lugar virtual gestionado por profesionales, donde quedan identificadas, ordenadas y clasificadas las diferentes webs encontradas en internet.

DEFINICIÓN

Algoritmo
Un algoritmo es una serie de movimientos lógicos y encadenados que llevan a la resolución de una dificultad.

Tras conocer la importancia que tienen los buscadores para mostrar contenido de interés, es evidente que, si tienes como objetivo promocionar tu negocio, necesitarás tener presencia en ellos y así, aplicando técnicas concretas, puedas aparecer en las primeras posiciones de búsqueda.

Pero **¿cómo quieres aparecer?** Como consecuencia de la búsqueda, los diferentes buscadores mostrarán como respuesta a los usuarios dos tipos de resultados:

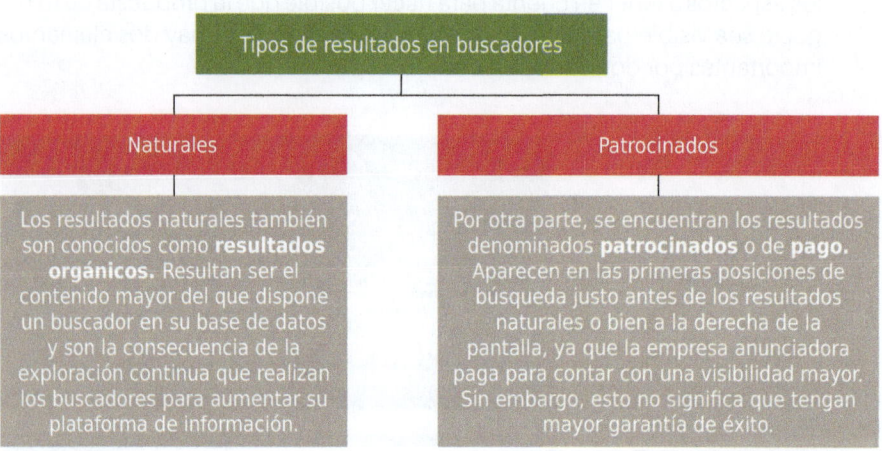

Seguro que has visto en muchas ocasiones estos resultados a tus búsquedas por internet. Aun así, en las siguientes imágenes puedes observar un ejemplo de cada tipo de resultado:

Resultados patrocinados de búsqueda

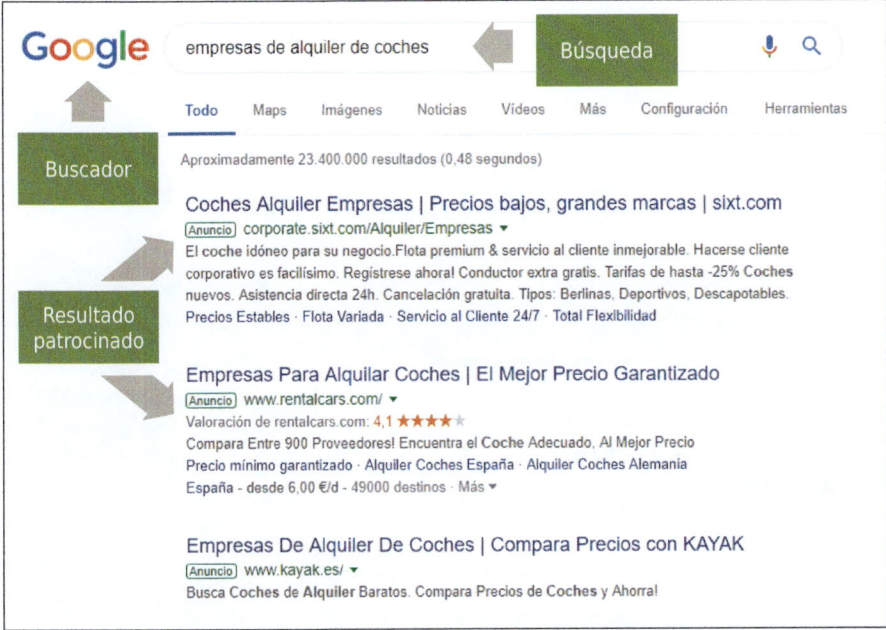

Imagen que ofrece resultados de búsqueda de internet cuyos anunciantes han pagado para aparecer en las primeras posiciones en buscadores.

Resultados naturales de búsqueda

Imagen que ofrece resultados de búsqueda de internet que proviene de la base de datos de los buscadores.

El **posicionamiento en buscadores** permite, mediante la conjugación de técnicas específicas, que tu página web ocupe una posición privilegiada tras la búsqueda por medio de palabras o frases. En el ejemplo anterior la expresión utilizada ha sido **"empresas de alquiler de coches"**.

Como puede ser lógico pensar, el hecho de pagar por contar con mayor presencia y visibilidad en internet implica tener beneficios y poder ser más competitivo. Sin embargo, esto no exime al publicitado de la necesidad de adquirir conocimientos en técnicas SEO.

Una condición *sine qua non* para el éxito del posicionamiento es que la página web de tu negocio esté **indexada** en la base de datos de los principales buscadores.

 **DEFINICIÓN**

Indexado

Desde el enfoque de posicionamiento web, este término hace referencia al registro y reconocimiento en la base de datos de buscadores, aspecto sin el cual será imposible obtener una eficaz y rápida presencia con un buen posicionamiento web.

Fórmulas de indexación

Buscadores

Los buscadores utilizan una fórmula automática para examinar los contenidos en internet. El recorrido lo realizan automáticamente sistemas informáticos llamados robot, spider o rastreador, entre otras definiciones. De esta manera, los buscadores nutren su base de datos indexando webs. Cuanto mejor conozcas cómo exploran los buscadores en internet, más fácil te resultará posicionar la página web de tu empresa. Ejemplo de buscadores: *Google, Bing*, etc.

Directorios

Por el contrario, y como ya te habíamos adelantado, los directorios se nutren manualmente por profesionales. La indexación es ordenada y categorizada. Existen directorios gratuitos y de pago.

👁 **EJEMPLO**

Te mostramos un ejemplo de directorio es *Directory World*. Pulsa en el siguiente enlace para conocerlo.

Continúa en página siguiente >>

<< Viene de página anterior

https://redirectoronline.com/comm061po0101

Para poder determinar la presencia o no en los directorios de internet, tendrás que conocer las principales diferencias entre buscadores y directorios:

Buscadores	Directorios
- La indexación de contenidos es automatizada. - No es necesario indexar la página web para estar en buscadores. - Tener una buena posición en buscadores requiere de aplicación de técnicas: palabras clave, etc. - En los buscadores es importante la popularidad. - El tiempo de aparición en buscadores a veces es largo. - Admite contenidos prohibitivos.	- La indexación en directorios es manual. - Los contenidos están ordenados por categorías. - Los contenidos deben cumplir requisitos de comprobación de idoneidad. - El tiempo de aparición en directorios es corto. - La base de datos de directorios es más reducida. - El posicionamiento no está condicionado por ninguna palabra clave.

Como acabas de ver en las características anteriores, decidir si estar o no en directorios podrá depender de factores como:

La necesidad de aparición de la web en sitios especializados donde los usuarios busquen servicios o productos como el tuyo.

Aprovechar los mejores posicionamientos, ya que el contenido estará organizado por orden alfabético y por temática, no por otros aspectos.

Continúa en página siguiente >>

<< Viene de página anterior

Tener presencia rápida en internet. Para una empresa de nueva creación, el poder ocupar una buena posición en dos o cinco días es muy importante.

Al coexistir un contenido en directorios menos intenso, favorece que los resultados de búsquedas sean más efectivos y con más fiabilidad.

La sencillez es un grado, por lo que para una web de reciente creación es una manera eficaz de promocionar su contenido sin complicaciones y atraer el tráfico de usuarios.

Un elevadísimo número de usuarios de internet localizan **servicios profesionales** mediante los directorios. Esto significa que, desde un punto de vista empresarial, no hay que desestimar la oportunidad de negocio que generan estas fórmulas de posicionamiento web.

El **método sencillo** de búsqueda que ofrecen los directorios a los cibernautas hace posible localizar fácilmente servicios empresariales cercanos a la localización del cliente o consumidor, dando acceso a adquirir productos tanto de una manera *online* como *offline*.

Para el usuario de internet resulta fácil acceder a recursos encontrados en los directorios, ya que estos cuentan con un sistema de organización de contenido basado principalmente en:

La categorización
y temática del negocio

La ubicación de la empresa
o servicios profesionales

En la siguiente imagen comprobarás la organización del contenido web de un directorio especializado:

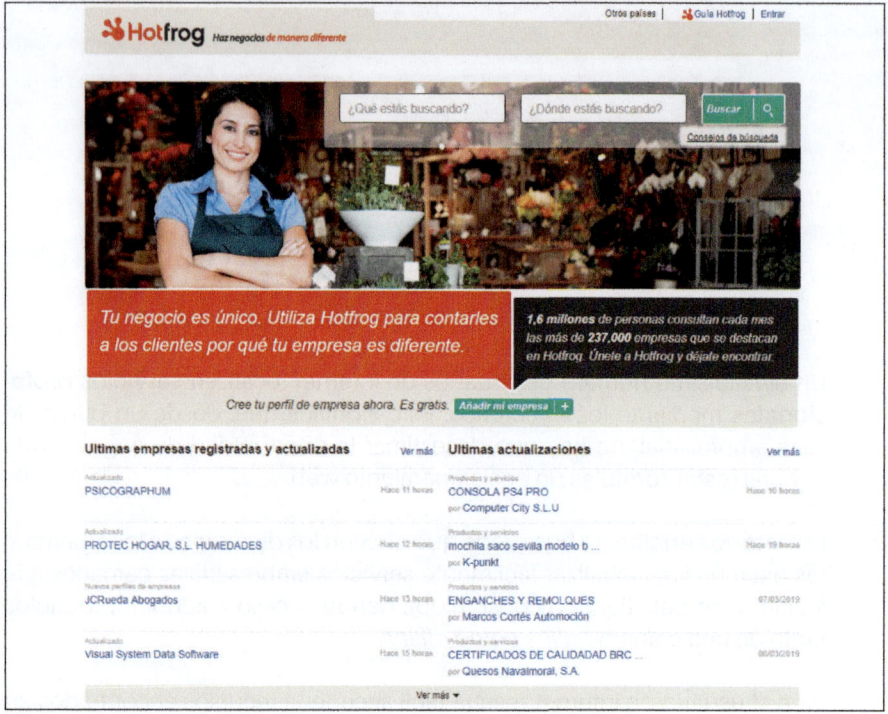

Imagen que ofrece resultados de búsqueda en un reconocido directorio de internet
(© Fotografía: Hotfrog / www.hotfrog.es)

Hotfrog es un directorio de los muchos que existen en la web, donde podrás crear el perfil de tu nueva empresa de manera gratuita; compruébalo a través del siguiente enlace:

https://redirectoronline.com/comm061po0102

APLICACIÓN PRÁCTICA

Elisa acaba de poner en marcha una pequeña tienda *online* denominada ArteSana, que comercializa productos artesanales como bolsos, carteras, etc., conjugando la piel con un material biodegradable parecido al cartón. Lo interesante de esta iniciativa es que las personas pueden adquirir distintos kits y, por medio de un manual, crear diferentes propuestas personalizadas. Aunque su página está recién publicada, aún no ha destinado inversión alguna para darle visibilidad; no obstante, y por consejos, se plantea poder incorporarla a algún directorio donde pueda iniciar su andadura en posicionamiento web. ¿Podrías indicarle con qué factor cuenta este negocio para adjudicarse una buena posición en algún directorio?

Solución

A diferencia de los buscadores, los directorios no dan importancia a la popularidad de los sitios web. Para un negocio de nueva creación que aún no cuenta con visibilidad alguna, es posible aparecer en las primeras posiciones de búsqueda aprovechando el título de la página web. En este caso, al comenzar por "A", ArteSano será visible en los primeros puestos de la categoría en la que pertenezca el comercio que estará ordenada alfabéticamente.

2.2. Relevancia de los resultados

La transformación digital conduce a los negocios actuales a contar con presencia *online* si quieren sobrevivir en este nuevo **paradigma económico.** A día de hoy no existe una fórmula de éxito de negocio de nueva creación si no se da esta circunstancia. Los potenciales clientes ahora son en su mayoría **usuarios de internet.** Es en este entorno digital donde se inician la gran mayoría de las **relaciones comerciales.**

Imagínate por un momento que decides buscar en internet una empresa de servicios de fontanería de tu localidad. Lo primero que harás en tu buscador habitual es escribir palabras o frases que identifiquen el servicio profesional para que se realice la búsqueda automática. Prueba e intenta realizar la búsqueda, seguro que tras el intento probablemente te inclinarías a elegir una empresa o profesional de la fontanería que se anunciara entre la primera y tercera página.

Pues bien, esta es la tendencia de cualquier usuario de internet; más de la mitad de los clientes no avanzan en su búsqueda de soluciones más allá de la tercera página que ofrece el buscador.

¿Comprendes ahora la relevancia de obtener visibilidad en las primeras posiciones?

Muchos negocios no dan importancia a estas cuestiones, perdiendo competitividad y oportunidades de negocio.

¿Por qué es importante conocer los datos? Según un informe de estadísticas de 2018 sobre posicionamiento web (Macías, 2018), los datos revelan la importancia de tener en cuenta factores que inciden y afectan directamente en la necesidad de que tu empresa esté posicionada en un lugar muy visible para los consumidores:

- ⊃ **Ranking:** no todos los buscadores son iguales; casi el 80 % de las búsquedas se realizan en los buscadores que, por defecto, tenga el dispositivo configurado. Google soporta más de 63.000 búsquedas por segundo, frente a otros buscadores menos exitosos como pudieran ser *Yahoo, Baidu*, etc. Piensa que el motor de búsqueda de los principales países con clientes digitales (EE. UU. y Japón) tienen como motor principal de búsqueda a este gigante buscador.
- ⊃ **Tamaño:** es importante el contenido de tu web y, para ello, es necesario poder generar un tráfico más efectivo con aquellas publicaciones que contengan el mayor número de palabras, ya que está demostrado que las publicaciones de mayor tamaño son las que se comparten con mayor interés. *Google* recompensa este tipo de contenidos y te ayudará a ganar posiciones.
- ⊃ **Competencia:** para ganar competitividad es necesario generar tráfico a la web. El SEO es una herramienta en la que no hay que escatimar, ya

que es posible aumentar el tráfico de consumidores en más de un 60 %, por lo que merece la pena la inversión

⮂ **Búsqueda:** el interés de los consumidores por encontrar soluciones cerca de su ubicación ha hecho posible un aumento considerable de las búsquedas locales (SEO local), un excelente dato para aquellos pequeños negocios que quieran aprovechar internet para promocionarse y llegar a más público.

⮂ **Trucos:** hay muchas maneras de mantener la atención de tu público objetivo. Las estrategias de *marketing* son importantes: publicación en blogs, contenidos de interés e inclusión de enlaces son algunos de los elementos a tener en cuenta para que tu negocio despegue en internet.

 ## SABÍAS QUE...

Según un estudio realizado por MOZ (empresa de posicionamiento SEO), el 44 % de los usuarios buscan soluciones en búsquedas locales, el 8 % insistió en cargar "más resultados locales", el 29 % pinchó en listados orgánicos y, por último, el 19 % hizo clic en los resultados patrocinados (MOZ, 2018).

El informe de estadísticas sobre posicionamiento web de Macías (2018), resalta la importancia de tener en cuenta factores que inciden y afectan directamente en la necesidad de que una empresa esté bien posicionada en los resultados de búsqueda en internet. Esto se relaciona con el aumento del uso de dispositivos móviles y el crecimiento del comercio electrónico, lo que refuerza la importancia de aparecer en los resultados de búsqueda locales. Además, el estudio realizado por MOZ (2018) destaca que un porcentaje significativo de usuarios busca soluciones en búsquedas locales, subrayando la relevancia de la visibilidad en estos resultados para las empresas. A día de hoy este informe sigue teniendo mucho sentido. Los siguientes puntos pueden ayudar a las empresas a comprender la importancia de estar bien posicionadas en los resultados de búsqueda y la necesidad de **adaptar constantemente sus estrategias de posicionamiento web** para mantenerse competitivas en el ecosistema digital:

1. **Tendencia al uso de dispositivos móviles:** con el aumento del uso de teléfonos inteligentes y otros dispositivos móviles, la importancia de aparecer en los resultados de búsqueda locales ha crecido notablemente. Los usuarios buscan información sobre negocios cercanos mientras están en movimiento. Esto resalta la importancia de la visibilidad en los resultados de búsqueda locales.

2. **Crecimiento del comercio electrónico:** con el crecimiento del comercio electrónico, especialmente en el contexto de la pandemia de COVID-19, más consumidores recurrieron a Internet para encontrar productos y servicios. Esta situación hizo destacar la necesidad de que las empresas que estuvieron bien posicionadas en los resultados de búsqueda pudieron entonces captar la atención de un gran número creciente de consumidores digitales.

3. **Competencia en línea:** con el aumento de la competencia en el entorno digital, es fundamental para las empresas destacar entre sus competidores. Estar bien posicionado en los resultados de búsqueda ayuda a aumentar la visibilidad y la credibilidad de un negocio frente a su competencia.

4. **Cambio en el comportamiento del usuario:** los numerosos estudios que han venido desarrollándose en estos últimos años sobre el comportamiento del usuario online proporcionan información actualizada sobre cómo los usuarios interactúan con los resultados de búsqueda y cómo esto afecta directamente a las estrategias de posicionamiento web de cualquier empresa.

5. **Algoritmos de los motores de búsqueda:** los motores de búsqueda, como por ejemplo Google, están constantemente actualizando sus algoritmos para mejorar la relevancia y la experiencia del usuario. Esto significa que las estrategias de SEO deben adaptarse a estos cambios para mantenerse relevantes y obtener una alta visibilidad en los resultados de búsqueda.

2.3. Tráfico cualificado

Pero no todo es válido. Antes de tratar de atraer público a tu sitio web, tendrás que analizar qué tipo de **tráfico** te interesa generar.

 **DEFINICIÓN**

Tráfico
En términos de posicionamiento web, este concepto hace referencia a las visitas que recibe un sitio web.

Recuerda que, como negocio, tienes un objetivo que cumplir. Por este motivo, generar visitas por el simple hecho de entretener no es suficiente motivo para realizar un esfuerzo en tiempo, y a veces en dinero, en estrategias de posicionamiento web.

Es cierto que para que tu negocio se mantenga a flote, necesitarás tener clientes y también es cierto que sin tráfico de clientes potenciales esto no será posible. Aun así, no todo vale.

Ahora centrarás tu objetivo en aprender a generar **tráfico cualificado.**

 **DEFINICIÓN**

Tráfico cualificado
A diferencia de cualquier visita en general que reciba tu web, el tráfico cualificado hace referencia a toda visita susceptible de hacerse cliente a corto plazo y ser rentable para el negocio.

¿Cómo generar tráfico cualificado?

Puede darse la circunstancia de que sean muchos los visitantes que acudan a tu sitio web, pero que, sin embargo, no terminen haciéndose clientes. Si esto es así, deberás plantearte que algo no estás haciendo bien y, sobre todo, que no estás consiguiendo atraer ese tráfico de visitantes cualificados que tanto le interesa a tu negocio.

Existen dos fórmulas que te permitirán aumentar el número de **conversiones:**

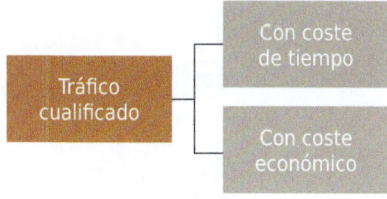

Con coste de tiempo

Engloba todas aquellas acciones que aumenten la posibilidad de un buen posicionamiento web, lugar al que acceden los usuarios a través de búsquedas especializadas que muestran interés por la temática tratada.

- Generar bases de datos de clientes mediante suscripciones a noticias de interés.
- Participación en foros y debates.
- Dar charlas, realizar eventos.
- Redes sociales activas.
- Generar alianzas con otros negocios complementarios al tuyo.

Con coste económico

Igualmente, engloba todas las acciones que aumentan la visibilidad pero que esta vez suponen una inversión económica para la empresa. Son fórmulas eficaces de generar prospectos que posteriormente serán convertidos muchos de ellos en clientes.

- Anuncios en redes sociales.
- Presencia en plataformas *online* como revistas digitales especializadas, etc.
- Contratar alianzas con otros negocios complementarios al tuyo que ya disponen de tráfico cualificado.

 PARA SABER MÁS

El siguiente artículo ofrece una guía para generar y medir el tráfico web. Destaca la importancia del tráfico web en la estrategia de *marketing* digital de los *e-commerce* o comercios electrónicos.

https://redirectoronline.com/comm061po0143

2.4. Técnicas penalizables de posicionamiento

Como estás pudiendo observar durante el contenido de este recorrido, son varias las acciones que puedes llevar a cabo para iniciarte en el mundo del posicionamiento web; aunque no es difícil, sí es cierto que requiere del aprendizaje y del dominio de técnicas.

 SABÍAS QUE...

Google cuenta con una tecnología (robot) denominada *GoogleBot* que, a modo de rastreo, selecciona, colecciona y administra documentos desde la web, con el fin de edificar la mayor base de datos para el motor de búsqueda de *Google*.

- -

Pero, **¿quién no ha cometido alguna vez errores como estos en el afán de posicionar un sitio web?** Presta atención a las principales meteduras de pata que son grandes enemigos del posicionamiento web:

Error n.º 1. Configuración robots

En ocasiones, el no reparar en la configuración adecuada de los ficheros robots hace que a buscadores como *Google* les resulte imposible indexar tu sitio web. Esta inadecuada configuración bloquea los accesos que Google realiza a la página. Estos tipos de ficheros son importantes, pues ellos indican qué páginas pueden ser rastreadas por los robots de los distintos buscadores. Como primer paso deberás comprobar que tienes creado un archivo robots.txt y que, además, lo tiene incorporado a tu dominio; seguidamente comprobarás su configuración de tal manera que no impida el acceso a los buscadores.

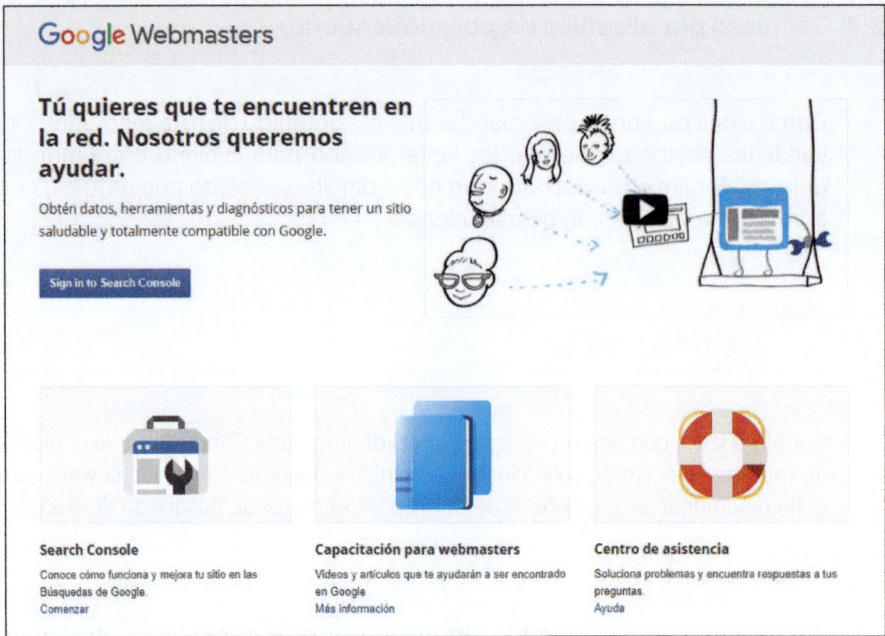

Imagen de la herramienta de Google Webmasters (© Fotografía: Google Search Console / www.google.com/webmasters)

Si ya tienes sitio web y tienes problemas para que tu página aparezca en *Google,* prueba a crear el fichero robots y a configurarlo correctamente con *Search Console.*

 **PARA SABER MÁS**

Podrás acceder a *Search Console* a través del siguiente enlace:

https://redirectoronline.com/comm061po0104

Error n.º 2. Configuración archivos: página no encontrada

Este error es muy común cuando se trata de acceder a un archivo cuyo mensaje da como respuesta "Página no encontrada". El motivo que impide el acceso puede venir ocasionado por la inadecuada manipulación de direcciones URL. Cualquier error de escritura puede ocasionar la imposibilidad de acceder a la página indicada. Principalmente estos errores tienen como origen la acción de redireccionar páginas, por lo que cualquier redirección que queramos efectuar deberá contener el menor número de pasos posibles que puedan dar lugar a cometer fallos de sintaxis. También habrá que prescindir realizar redirecciones continuas con el fin de evitar complicaciones.

Página no encontrada

¡Lo sentimos! La página que buscas no se ha encontrado en este servidor. Puede deberse a que la dirección se ha escrito incorrectamente o a que la página ha sido cancelada. Revisa la dirección URL e inténtalo de nuevo.

¿Cómo solucionar los errores 404?

En los sitios creados con WordPress puede ser un proceso muy complicado.

Para poder solucionar un error, primero debemos saber si ha sido provocado por el servidor o por WordPress.

Si ha sido causado por el servidor puede ser por que el archivo .htaccess no existe o está mal, o por permisos incorrectos de archivos y/o carpetas.

Si ha sido causado por WordPress se debe a que los enlaces permanentes están mal configurados.

Imagen del error "Página no encontrada"

Error n.º 3. Errores de parámetros en URL

Este tipo de error oculta búsquedas e incluso puede llevar a que el sitio web sea invisible en los resultados de los buscadores, teniendo como consecuencia la pérdida de posiciones. Para comprobar que los parámetros son los adecuados, dispones de la herramienta *Websmasters* de *Google,* que te mostrará información donde podrás detectar errores. Por ejemplo, conocerás el número de páginas que has enviado y las páginas indexadas; estas últimas nunca serán en un número mayor que las primeras, ya que de lo contrario se podrá confirmar la existencia de algún error.

URL no seguidas

¿Qué es un error de URL no seguida?

Los errores de URL no seguidas indican las URL que Google no ha podido seguir de forma completa, además de la causa de esto. A continuación se indican algunas razones por las que es posible que Googlebot no haya podido seguir las URL de tu sitio.

Contenido activo, JavaScript y Flash

Algunas funciones como JavaScript, las cookies, los ID de sesión, los marcos, DHTML o Flash pueden hacer más difícil que los motores de búsqueda rastreen el sitio. Comprueba lo siguiente:

- Utiliza un **navegador de texto** como Lynx ☑ para examinar el sitio, ya que muchos motores de búsqueda ven tu sitio igual que Lynx. Si hay funciones como JavaScript, cookies, ID de sesión, marcos, DHTML o Flash que impidan la visualización de todo tu sitio en un navegador de texto, es posible que las arañas de motores de búsqueda tengan dificultades para rastrearlo.
- Mediante la herramienta Explorar como Google se puede comprobar cómo ve exactamente Google el sitio.
- Si utilizas páginas dinámicas (por ejemplo, si la URL contiene un carácter ?), tenga en cuenta que no todas las arañas de los motores de búsqueda rastrean páginas dinámicas y estáticas. En términos generales, se recomienda que los parámetros sean cortos y que se usen con moderación. Si ya sabes cómo funcionan los parámetros en tu sitio, indica a Google cómo debe gestionarlos.

Imagen del error "URL no seguidas"

PARA SABER MÁS

Puedes acceder a *Websmasters* a través del siguiente enlace:

https://redirectoronline.com/comm061po010041

Error n.º 4. Códigos de lenguaje de programación inaccesibles

En ocasiones, los fallos de indexación de contenidos los ocasionan directamente los códigos empleados en los lenguajes de programación que los hacen imperceptibles para los buscadores. Este error ocasiona graves daños para el posicionamiento web del negocio, por lo que deberás estar atento de no cometer este fallo. Alguno de los códigos de programación que impiden la visibilidad web del negocio son: *JavaScript, Flash,* etc.

Imagen lenguaje de programación

Error n.º 5. Ausencia de enlaces

Google premia en posicionamiento a aquellos sitios web que hacen uso de enlaces para compartir información. Este buscador identifica estas acciones como señales de reputación, por lo que la ausencia de dichos enlaces será visto como un grave error en posicionamiento web.

Una eficaz y recomendable manera de incorporar enlaces a tu sitio web es por medio de compartir información del negocio desde diferentes redes sociales *(Facebook, Twitter, etc.)*.

Imagen representativa de enlaces externos

Error n.° 6. Accesos a sitios web mediante formularios

A veces, el hecho de pretender ganar gran número de adeptos y suscriptores a los sitios web hace que los motores de búsqueda se encuentren con inconvenientes para acceder a las páginas, pues estas requieren del acceso mediante formularios o contraseñas que hacen muy difícil la labor de indexar contenidos a la base de datos de los buscadores. Intenta que a tu página pueda accederse mediante un sencillo enlace que vaya directo a tu web; esta es la mejor fórmula para que *Google* te encuentre y rastree tu información.

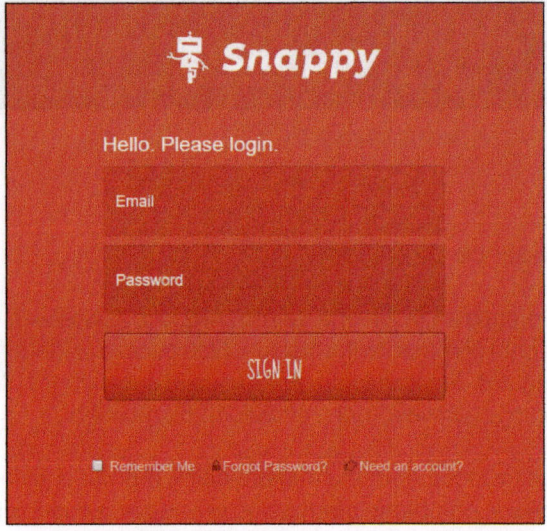

Imagen representativa de "Acceso a sitios web mediante formularios".
(© Fotografía: Snappy / app.besnappy.com)

Error n.° 7. Enlaces rotos

Comprueba cada cierto tiempo que los contenidos de tu web no tengan enlaces rotos; de esta manera conseguirás mantener una navegación fluida por tu sitio web, no solo para los usuarios que la visitan proporcionándoles una experiencia agradable, sino también para los motores de búsqueda que continuamente actualizan información.

IMPORTANTE

No olvides que, en los tiempos que corren, el tiempo es un valor añadido. *Google* hará caso omiso a tu contenido web si este contiene multitud de páginas a indexar. Esto hará que las conexiones y tiempos de carga sean eternas, por lo que tu web será rápidamente penalizada y ahuyentará sin duda las visitas a tu web.

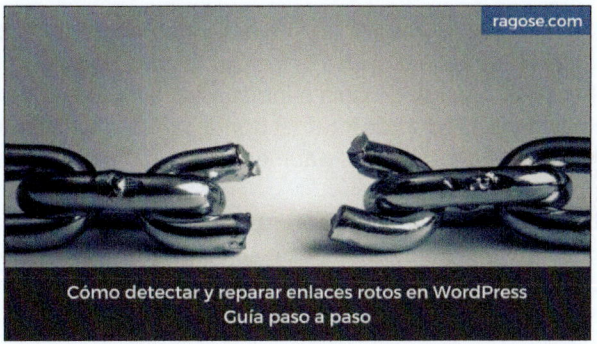

Imagen representativa de "Enlaces rotos" (© Fotografía: Ragose / ragose.com)

3. Palabras clave

☞ HILO CONDUCTOR

Sonia ha comprendido qué elementos impedían hasta ahora que su innovadora idea de negocio no tuviera la repercusión esperada. Su inexperiencia en la gestión web del proyecto ha requerido la necesidad de ser reformulado. Sin embargo, ha tomado conciencia de que la base ética sobre la que se asienta su modelo de negocio y las técnicas bien aplicadas serán aspectos que sin duda *Google* sabrá valorar.

Seguro que en el mundo de internet y del posicionamiento web has oído hablar en más de una ocasión de las **palabras clave.**

 **DEFINICIÓN**

Palabra clave

También denominada *Keyword*, es la manera a través de la cual un usuario expresa la búsqueda de un contenido en internet incorporándola en los buscadores para dar con soluciones acotadas.

Las palabras clave juegan un papel fundamental en el posicionamiento web de un negocio de nueva creación. Esto es posible porque estas palabras hacen la función de guía e indican a los motores de búsqueda de los principales buscadores de internet dónde pueden localizar un nuevo contenido web para incorporarlos y aumentar su gran base de datos.

Esta base de datos también se nutre de las palabras clave para que, una vez indexado el nuevo contenido, este sea jerarquizado, organizado y almacenado eficazmente.

Las palabras clave son herramientas llaves para búsquedas en internet.

Según los expertos de *marketing* digital, es posible hablar de tipologías de palabras clave:

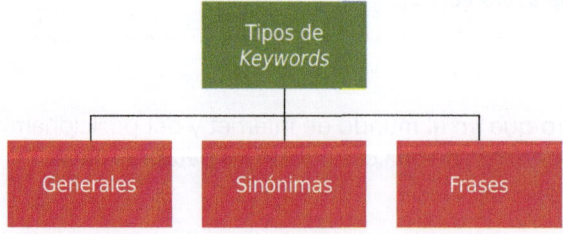

- **Generales:** también denominadas "puras". Hacen una descripción muy genérica de nuestro negocio. El uso de estas palabras clave para posicionar un sitio web no es recomendable y ahora sabrás por qué. Imagina que vendes zapatos; pues bien, una palabra clave pura que identifique tu negocio sería "zapatería". ¿Te imagina cuántas zapaterías aparecerán es esta búsqueda? ¿Conseguirías posicionarte en los primeros resultados?
- **Sinónimas:** tal como su nombre indica, son palabras sinónimas a las puras y que identifican igualmente la actividad del negocio. Por ejemplo, de la palabra clave pura que pudiera ser "farmacia" se podría seleccionar un sinónimo de ella que sería "botica". Este tipo de palabras son más útiles para el SEO siempre que, tras su consulta, puedas confirmar que la competencia no hace un uso masivo de ellas.
- **Frases:** elegir una frase como palabra clave puede ser una decisión acertada. Este tipo de palabras clave suelen tener la siguiente composición:

> La acción + la palabra clave

Suelen hacer referencia a la búsqueda tal cual que hacen los usuarios. Un ejemplo de ello es: "comer en asador".

 CONSEJO

Una frase puede ser considerada y utilizada como palabras clave. Sin embargo, debes saber que el orden de los términos que componen la frase debe ser mantenido como tal, no solo en títulos o encabezamientos, sino en el resto de contenidos para que las técnicas SEO puedan ser aplicadas eficazmente.

Como has podido ver, las palabras clave pueden ser una única palabra o un conjunto de pocas palabras ordenadas que conformen una frase. Sin embargo, en alguna ocasión estas frases pueden llegar a ser más extensas, llegando incluso a estar compuestas por más de tres palabras.

ACTIVIDAD COMPLEMENTARIA

1. Imagina que inicias una actividad emprendedora junto a tu socio siendo responsables ambos de un restaurante de comida española en Puerto Banús. En una de las reuniones, pretendéis posicionar el sitio web del negocio aplicando técnicas SEO. Vuestro consultor os pregunta qué palabras pueden identificar el negocio que ayuden a darle visibilidad y que clientes potenciales en internet logren encontrar soluciones que generen visitas al restaurante.

   ¿Podrías seleccionar algunas palabras clave y explicar los motivos de tu elección?

3.1. La importancia de las palabras clave

El **ciberespacio** abre a los usuarios de internet un mundo infinito de contenidos. Para poder seleccionar información específica se requiere de mecanismos que afinen la búsqueda y además haga de la práctica de navegar por internet una experiencia agradable, ágil y sobre todo útil.

Toda idea de negocio puesta en marcha necesita tener presencia *online* para poder optar a ser elegido por los usuarios como posible solucionador a sus necesidades de consumo.

Un usuario será denominado *Lead* por la empresa como posible potencial cliente. En este sentido, el posicionamiento web, a través del uso adecuado de las palabras clave, no solo sirve para que *Google* te encuentre, sino que también como llamada a la respuesta que quiere obtener un *Lead* cuando hace una consulta escribiendo palabras clave en el navegador de buscador.

 **DEFINICIÓN**

Leads
También denominados prospectos, son aquellos potenciales usuarios de los que se ha podido obtener alguna información que permita ser clasificados como potenciales clientes para el negocio.

¿Conoces la cadena de venta que necesitará tu negocio para conseguir el éxito final? Esto te ayudará inicialmente a visualizar que las decisiones de compra no son procesos rápidos y que, como reto inicial, necesitarás atraer a tu negocio el mayor número de potenciales clientes; para ello te ayudarás de las *Keywords.*

NOTA

Conocer la cadena de ventas ayudará a profundizar las expectativas de los potenciales clientes.

- -

Toda cadena de ventas estará compuesta por una serie de **etapas** sucesivas que comienza con la atracción de usuarios y concluye con el cierre de la venta:

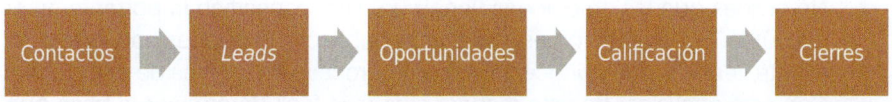

- **Contactos:** en esta primera etapa, el esfuerzo estará orientado en atraer el mayor número de usuarios y, para ello, se pondrán en marcha diferentes metodologías que engloban tanto técnicas tradicionales como otras más innovadoras, entre las que se puede incluir la incorporación de mecanismos de búsquedas como son las **palabras claves.**
- **Leads:** en esta segunda etapa ya es posible categorizar a los usuarios atraídos gracias a la información recopilada; también es posible advertir la presencia o no de clientes potenciales. Por ejemplo: si tu negocio es una aseguradora que comercializa seguros de vida, es muy probable que los usuarios atraídos con edad superior a 70 años no sean tus clientes potenciales, por lo que decidirás no invertir en ellos.
- **Oportunidades:** en esta etapa, habrá que advertir el interés que les despierta a los usuarios determinados temas o esperar a que ellos muestren interés por algún producto o servicio. En esta fase, las palabras clave también cumplen su función, ya que conocer cómo los potenciales clientes realizan la búsqueda en internet en negocios de la competencia ayudará a dar pistas para la elección de las palabras clave más adecuadas.
- **Calificación:** en este momento y cuando el cliente ha mostrado interés, te cerciorarás de qué productos o servicios el cliente potencial estaría dispuesto a comprar si le cubrieras las expectativas. La manera de poder

llevar a cabo esta labor es mediante preguntas para conocer más en profundidad qué necesidades requiere cubrir.

➲ **Cierres:** es el momento en el que el usuario decide adquirir y comprar, dejando de ser un prospecto y convirtiéndose en cliente.

Como has visto durante las fases de la venta, también es posible indagar e **investigar** qué actitudes proactivas tiene el usuario que te ayuden a determinar las mejores *Keywords* para tu **posicionamiento SEO.**

IMPORTANTE

Recuerda que el mercado está vivo y en continuo cambio; esto significa que las labores de investigación no deben cesar nunca, ya que unas palabras clave pueden ser efectivas hoy y mañana pueden estar desactualizadas.

- -

No olvides que las emociones tienen un valor específico importante en el consumo. Si tu intención es atraer a un público que puedas convertirlo en cliente, tendrás que conocer cómo es el proceso en la toma de decisiones. Con este análisis y de esta manera será más fácil determinar la frase que mejor encaje para la localización de tu negocio en internet.

Beneficios de conocer las emociones del consumidor

Descubrimiento
- En esta primera fase, el posible cliente comienza a sentir curiosidad por cierta temática; aun así, todavía no tiene conciencia del problema propio o de la necesidad a cubrir. EMOCIÓN DE CURIOSIDAD.

Interés
- Aquí el posible cliente consigue identificar una necesidad e inicia la tarea de localizar información que le ayude. **¿Cómo buscaría en internet un posible cliente tuyo la solución que tú le puedes brindar?** EMOCIÓN DE INTERÉS.

Continúa en página siguiente >>

<< Viene de página anterior

Solución
- Tras las etapas anteriores y después de conocer tu propuesta, el cliente potencial ya está preparado para tomar una decisión. Para ello habrá tenido que contar con:
  - Información clara.
  - La solución perfecta. EMOCIÓN DE ALIVIO Y SATISFACCIÓN.

Esta reflexión implica que no vale cualquier término o palabra, sino que se requiere del conocimiento del mercado, las reglas del juego y, por supuesto, de la aplicación de técnicas de selección de las palabras clave que despierten el interés en el usuario y que más acertadas sean para tu negocio.

Es posible decir que el proceso de búsqueda en internet se asemeja al efecto de una almadraba, desde donde se conducen los atunes en mar abierto a zonas concretas donde podrán ser pescados esas especies y no otras. Tu negocio se ayudará de este efecto emboscada a través de las palabras clave para atraer a tu público objetivo. Esto significa que en los inicios a veces nos olvidamos de la existencia de diferentes tipologías de clientes, por lo que deberás conocer muy bien qué ofrece tu negocio y qué tipo de beneficios brinda para ese tipo de usuario que te habrás ocupado de conocer también como tu propia empresa.

 CONSEJO

Una fórmula sencilla para iniciar la reflexión en la búsqueda acertada de la palabra clave para tu posicionamiento web es la de preguntarte a ti mismo cómo formularías la búsqueda para encontrar tu negocio.

 **NOTA**

Google pone a disposición de los usuarios un *planificador de palabras clave.* Una herramienta web que te permite localizar *Keywords* para llegar a los clientes

Continúa en página siguiente >>

<< Viene de página anterior

apropiados con las palabras clave adecuadas. También dispones de otras muchas herramientas web que facilitan esta tarea; *SEMrush* es otra de ellas.

Puedes consultar dichas herramientas a través de los siguientes enlaces.

https://redirectoronline.com/adgg055po0102

https://redirectoronline.com/adgg055po0103

3.2. Analizar el tráfico que recibe el sitio web

A la hora de iniciar cualquier estrategia de *marketing* orientada a aumentar el tráfico en internet, es vital conocer en profundidad cómo lo está haciendo tu competencia.

Es evidente que tu competencia no te lo pondrá nada fácil. Tampoco te ofrecerá información sobre qué estrategias específicas de posicionamiento web les funciona. Sin embargo, la web ofrece herramientas tecnológicas basadas en información que harán posible que tu negocio mejore la competitividad y ayude a promocionarte en internet.

 VÍDEO

Presta atención al siguiente vídeo; en él se dan interesantes pistas de cómo atender las necesidades de búsqueda de los usuarios a través de nuestro sitio web, utilizando herramientas de inteligencia artificial.

Continúa en página siguiente >>

<< Viene de página anterior

https://redirectoronline.com/comm061po0144

Como has podido comprobar, existen herramientas que permiten analizar el tráfico que recibe una web y cómo las palabras clave tienen un papel protagonista en este aspecto. Ahora bien, conozcamos una herramienta para aprovechar oportunidades para mejorar el posicionamiento del negocio.

 **VÍDEO**

Con este tutorial podrás aprovechar oportunidades para mejorar la visibilidad de tu contenido web.

https://redirectoronline.com/comm061po0145

Gracias al trabajo previo de análisis es posible optimizar el tráfico que recibe tu web. Aunque puedes hacerlo tú mismo, también puedes buscar en internet empresas y profesionales que puedan ayudarte; ¿cómo los buscarías?

4. ¿Dónde utilizar las palabras clave?

👉 HILO CONDUCTOR

Sonia ha hecho un gran esfuerzo para poner en marcha su innovadora idea de negocio. No podía creerse que serviría de poco si no orientaba su visibilidad web siguiendo las reglas básicas de posicionamiento SEO. Pero como buena emprendedora, no iba a escatimar esfuerzos en encontrar aquella "definición virtual" llamada palabra clave que permitiera a *Google* encontrarla en un mar inmenso de oportunidades llamado internet.

- -

Es importante que identifiques cómo de útil puede ser el uso de las palabras clave adecuadas para tu sitio web:

Ayudan al cliente a localizar soluciones a sus problemas

Ayudan a atraer clientes a tu negocio

 NOTA

En ambas direcciones la utilización de las palabras clave beneficia tanto a los clientes como a las empresas.

- -

Ya has visto la importancia del uso de las palabras clave que en sí mismas son técnicas de posicionamiento SEO. Sin embargo, ahora toca aprender dónde ubicar estas palabras dentro del contexto de la página web de tu negocio.

Aprender a posicionarlas correctamente en el contenido de tu sitio web incrementará las posibilidades de mejor posicionamiento en internet, facilitando además que el usuario encuentre tu negocio como la posible solución a su problema.

Ya has aprendido a identificar las mejores palabras clave para tu negocio, ahora te toca conocer dónde colocarlas en tu sitio web.

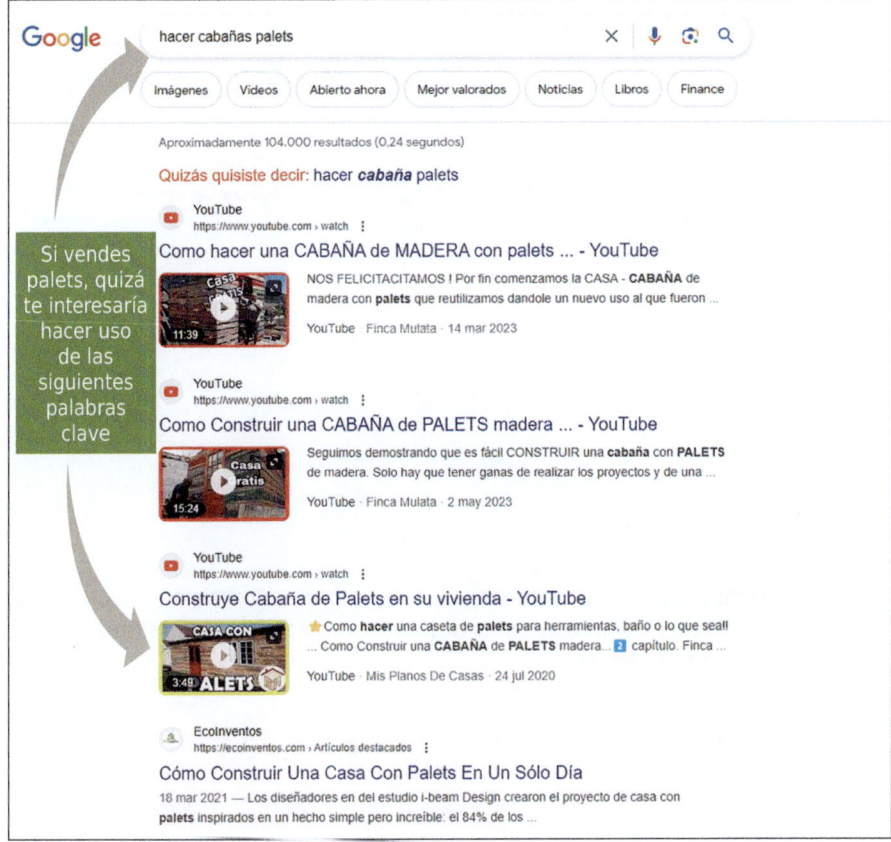

Imagen que ofrece propuestas de palabras clave para un negocio de venta de palets

En la imagen anterior, puedes ver cómo se han utilizado dos **palabras clave:**

Posteriormente se ha incluido una acción a la suma de las dos palabras clave, creando una tercera palabra clave:

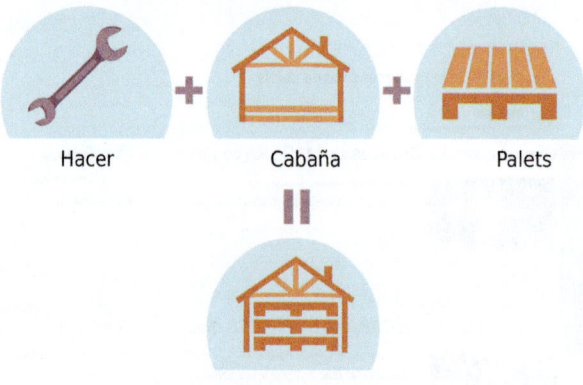

Es evidente que, si las palabras clave son herramientas imprescindibles para el SEO de tu empresa, estas deberán ocupar un lugar preferente en el contenido de tu sitio web.

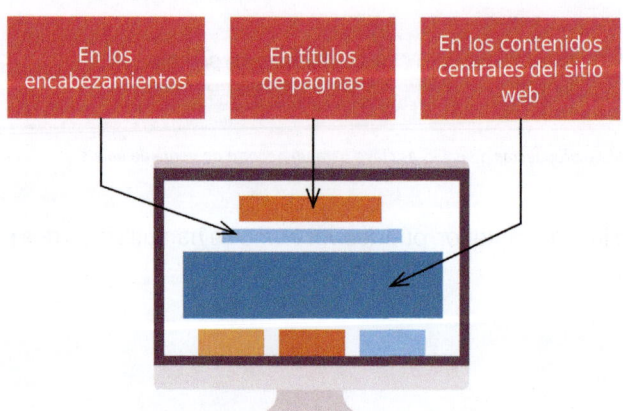

Veamos ahora cómo introducirlas en los tres lugares preferenciales de tu página web:

➲ En primer lugar debes crear un **título** que contenga las palabras clave resultantes del análisis; para este caso utilizarás la palabra clave 3:

➲ Una vez hayas realizado este paso, podrás pasar al siguiente, en donde aprenderás a incorporar las palabras clave a los **encabezamientos.** No te olvides que la palabra clave debe ser la misma que utilizaste para el título; en este caso es la que corresponde a la palabra clave 3:

Como ves, la tarea no es complicada, sobre todo cuando se trata de un negocio de nueva creación. Si ya contabas con sitio web de tu negocio, tu tarea consistirá en modificar todos estos parámetros siguiendo los mismos pasos.

⮕ Ya estás en el paso tres y quizá este sea el más importante y el que más tiempo requiera. Deberás tratar de incorporar las palabras clave en aquellos principales contenidos de tu sitio web. Mira el resultado y después algo más adelante conocerás la importancia que tiene hacerlo de esta manera:

SÚPER CABAÑA PALETS

Inicio I Sobre nosotros I Tienda de palets
I Blog I Contacta con nosotros

Cómo **hacer cabaña palets** de forma fácil

Para **hacer cabaña palets** solo necesitarás 15 paneles de madera y algunos pocos elementos más que seguro tendrás a mano. Lo importante de todo es que el resultado pueda divisarse dentro de un entorno natural y respeto al medioambiente. La clave principal radica en la utilización de un material natural, fuerte y resistente y además que sea divertida para ti y tu familia hacer cabañas palets de forma fácil.

Si quieres divertirte durante la construcción para hacer cabañas palets, no olvides que las prisas no son buenas consejeras. Tómate tu tiempo y sigue paso a paso las instrucciones que a continuación tendrás a tu disposición.

 ## ACTIVIDAD COMPLEMENTARIA

2. Imagina que te dedicas profesionalmente al *marketing* digital. La tienda *online* denominada Cocina Fácil te ha pedido que escribas un contenido atractivo para publicarlo y conseguir aumentar el tráfico a la web. Para

Continúa en página siguiente >>

<< Viene de página anterior

ello te encarga que elabores un pequeño pero alegre contenido central, un encabezamiento y le asignes a todo ello un título.

Como trabajo previo ya realizado, las palabras clave son: **"preparar cocina fácil".**

4.1. Dominio y URL

Otro aspecto importante a tener en cuenta en el posicionamiento web son los llamados **Dominios** y las **URL.**

Antes de conocer cómo puede influir el uso de las palabras clave en estos espacios, conocerás qué son y cuáles son sus diferencias.

✎ DEFINICIÓN

URL *(Uniform Resource Locator)*
Relación de símbolos que pueden ser letras, números y otros caracteres que sirven para identificar y nombrar recursos de internet. Sus iniciales responden a la definición del término: un localizador uniforme de recursos (documentos, imágenes, vídeos, etc.).

A continuación vas a ver una URL que servirá de ejemplo para identificar el significado de la combinación de sus partes. De esta manera podrás comprender mucho mejor el sentido que tiene en este aspecto el uso de las palabras clave.

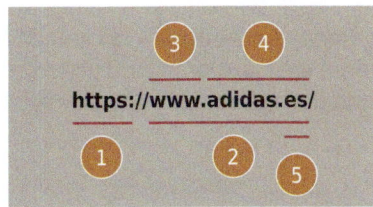

Fíjate bien en cada uno de los apartados de los que se compone una URL entendiendo esta como la ruta que dirige a un recurso de internet:

1. **HTTPS:** hace referencia al protocolo que modula el intercambio de datos entre el cliente y el servidor.
2. **WWW.ADIDAS.ES:** es lo que se denomina *host* (es el lugar donde reside una página o sitio web en internet).
3. **WWW:** es el **subdominio** de ADIDAS.ES.
4. **ADIDAS.ES:** representa el **dominio** del sitio web de Adidas.
5. **ES:** representa al sitio web Adidas en España.

¿Qué diferencia existe entre una URL y un dominio?

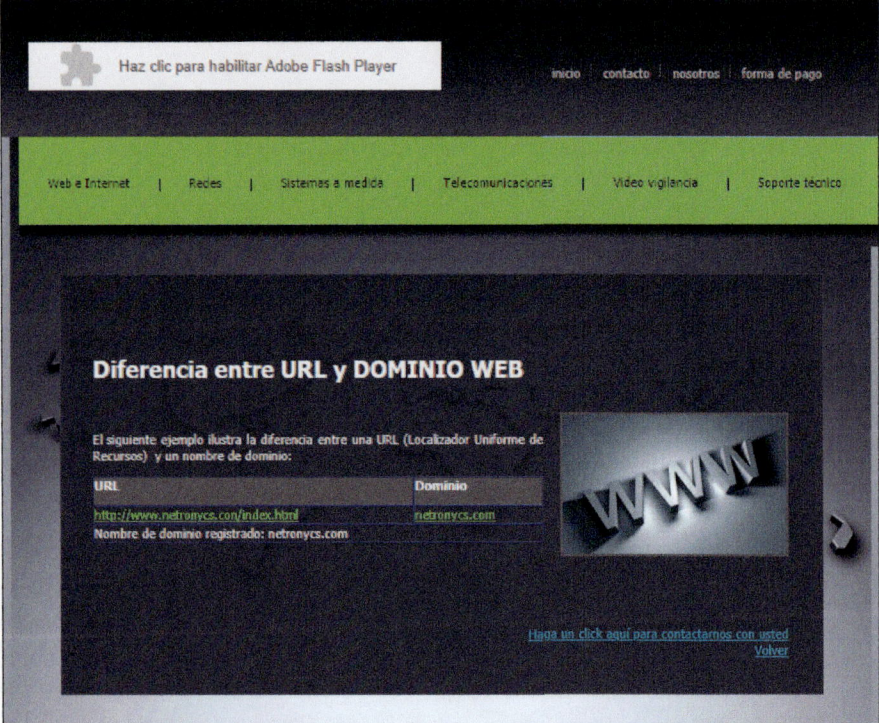

Imagen que ofrece una clara diferencia entre una URL y un dominio

El **dominio** en internet se asemeja a la dirección física de un lugar. Cada dirección de internet tendrá información específica que indicará, entre otras cosas, en qué parte del mundo está alojado dicho sitio web.

El dominio de internet es utilizado y reservado para un país o área concreta.

Así, por ejemplo, de un dominio web se podrán extraer diferentes niveles de dominio que dan información más concreta de la página que visitas:

➲ **Dominio de primer nivel.** Los dominios de primer nivel, también llamados TLD, son las expresiones genéricas que diferencian la usabilidad o funcionalidad del sitio web que representa:

   ◗ .com = principalmente, funcionalidad comercial.
   ◗ .org = organizaciones sin ánimo de lucro o gubernamentales, etc.

   En estos dominios de primer nivel, también se representan los países de origen del sitio web, una muestra de ello es:

   ◗ .es = España
   ◗ .fr = Francia

➲ **Dominio de segundo nivel.** Estos dominios son los que pueden ser registrados por cualquier usuario. Equivale a la nominación de la página web. Un ejemplo de este dominio es:

Frutass.com

   ◗ .com = dominio de primer nivel, y Frutass = dominio de segundo nivel.

➲ **Dominio de tercer nivel.** El dominio de tercer nivel, también conocido como subdominio, estará al lado izquierdo del dominio de segundo nivel; seguro que estarás familiarizado con la expresión que los caracteriza: "www".

 **PARA SABER MÁS**

Realmente el mundo de los dominios en internet es algo complejo. No obstante, está regulado por ley y hay organismos, como ICANN, que pueden aportar información al respecto.

Imagen de la página de organización sin ánimo de lucro ICANN, por un internet seguro.

Puedes acceder a su página a través del siguiente enlace:

https://redirectoronline.com/comm061po0109

Los dominios están estrictamente regulados con una normativa internacional; el objetivo es evitar que puedan darse desórdenes, duplicidades y otras confusiones que impidan su correcto funcionamiento.

IANA *(Internet Assigned Numbers Authority)* es el organismo supervisor de llevar el control y coordinar internacionalmente los dominios a nivel mundial.

Los dominios son nombres habitualmente de extensión corta que facilitan la búsqueda de internet en los buscadores, ya que estos son más sencillos de recordar que una dirección URL.

 PARA SABER MÁS

Puedes acceder a la página web de IANA a través del siguiente enlace:

https://redirectoronline.com/comm061po0110

 SABÍAS QUE...

Informáticamente, los nombres de los dominios se leen de izquierda a derecha; de esta manera ofrecen como resultados páginas de internet.

 VÍDEO

La empresa GoDaddy LatAm explica en este sencillo vídeo las funcionalidades de los dominios, a la vez que informa de los pasos previos para tener registrado un sitio web.

Continúa en página siguiente >>

<< Viene de página anterior

https://redirectoronline.com/comm061po0111

Como has podido ver, los dominios se adquieren y tienen un precio de compra; no obstante, tienes la posibilidad de adquirir uno gratuitamente por un tiempo limitado. Aquí tienes alguna sugerencia para adquirirlo:

4.2. El título de la página. Encabezados y texto de la página

Como ya pudiste ver en un apartado anterior, las palabras clave quedarán ubicadas en los principales contenidos de la web, sin olvidar el título y encabezados de tu página.

Sin embargo no vale cualquier expresión. Esta debe ser coherente con lo que ofreces, pero además tendrán que resultar tan atractivas como para que el usuario haga clic en tu sitio web.

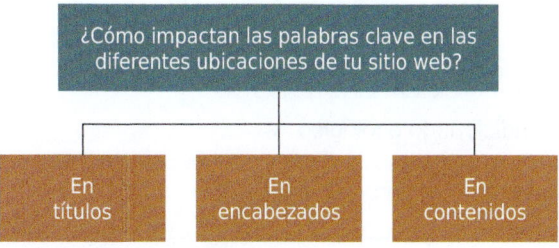

En títulos

Como ya sabrás, los títulos se exponen en el navegador una vez son consultados en los buscadores:

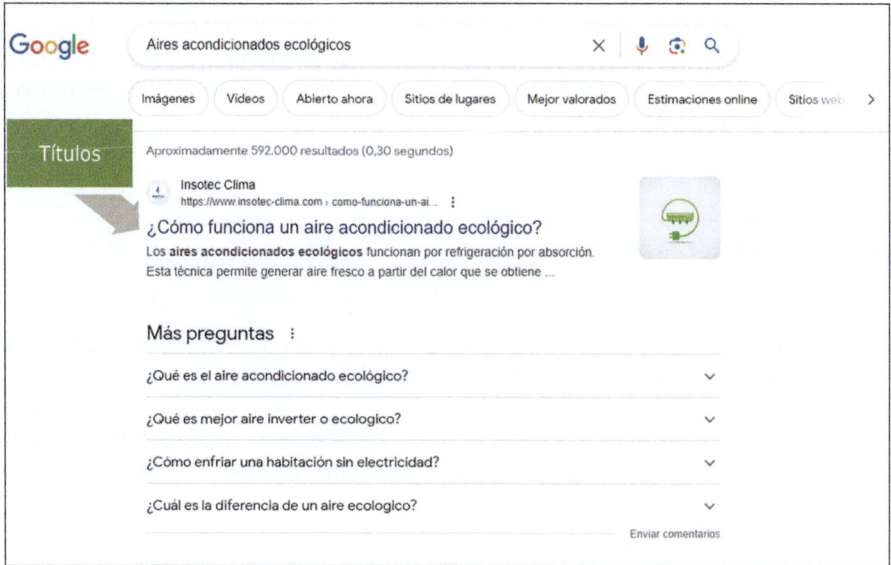

Los títulos impactan directamente en el usuario, por lo que las palabras clave juegan un papel muy relevante.

En encabezados

Los encabezados son útiles porque invitan al usuario a entrar en la página. Dan respuesta a la siguiente pregunta: ¿por qué debes entrar?

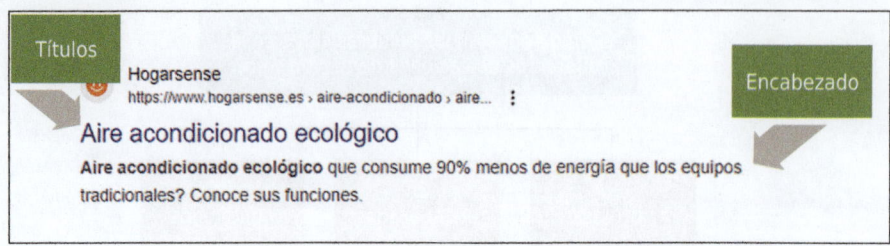

En contenidos

Las palabras clave en los contenidos principales de tu sitio web pretenden asegurar el interés por permanecer dentro del sitio el mayor tiempo posible. Un contenido atractivo con las palabras clave adecuadas invitan al usuario a seguir profundizando en los productos o servicios que ofreces en aras de encontrar la solución a sus problemas. Es una excelente oportunidad para brindar las mejores soluciones y acompañar a tus ofertas con sus correspondientes descripciones de beneficios, mostrar seguridad al cliente u otros motivos de compra.

4.3. Las etiquetas meta

Pero las palabras clave o *Keywords* pueden, además, encontrar magníficos lugares para hacer acto de presencia en tu página web.

A continuación verás alguna nueva fórmula para promocionar tu nuevo negocio haciendo uso de las **etiquetas meta, meta etiquetas** o *Meta Tags.*

Gracias a las etiquetas meta incorporadas en las páginas web, los buscadores incorporan información del sitio en su base de datos.

 **DEFINICIÓN**

Meta etiquetas

Son elementos en formato HTML que se incorporan en tu sitio web con el fin de que los motores de búsqueda descifren el código asociado y puedan incluir información de reseña sobre tu página en forma de metadatos. De alguna manera, las etiquetas meta incorporan en su código contenido resumido dirigido a los a los buscadores de internet.

- -

Un **código HTML** incorporado a la página web de una empresa contribuirá a:

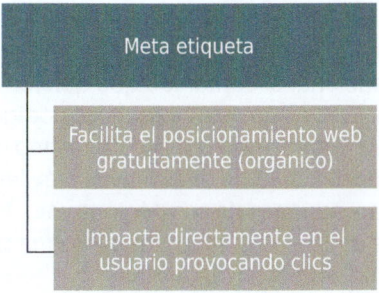

Pero has de saber que los navegadores como *Google* han evolucionado tan rápido que ya apenas necesitan estas ayudas para encontrar contenido de valor; tan solo algunos tipos de etiquetas meta son las que realmente benefician al posicionamiento SEO.

Ya un artículo publicado hace más de cinco años hablaba sobre esta controversia (Teresa, 2013); en él se explica a detalle las verdades sobre las **etiquetas meta** desde el punto de vista del posicionamiento. Seguidamente conocerás aquellas etiquetas meta que, según este especialista, son más relevantes para el posicionamiento web de tu negocio:

Tipos de etiquetas meta
- Meta *Description* - Meta *Keywords* - Meta robots - Meta *Viewport* - Meta *Nositelinlssearchbox* - Meta *Nosnippet*

- ➲ **Meta *Description*.** Este tipo de meta etiqueta sirve para describir el contenido del sitio web. Los buscadores localizan esta información gracias a ella, que les sirve a modo de índice en su base de datos.
- ➲ **Meta *Keywords*.** Sirve para que un contenido básico quede resumido en muy pocas palabras. Actualmente y con la proliferación del uso de las palabras clave, este tipo de etiqueta meta ha perdido relevancia para el SEO.
- ➲ **Meta robots.** Este tipo de etiquetas meta son importantes porque te permite seleccionar el contenido que quieres que sea localizado por los buscadores. Esto es posible porque los códigos de las meta robots dan instrucciones autorizando por ello un rastreo determinado.
- ➲ **Meta *Viewport*.** El uso de dispositivos móviles ha obligado a las empresas a adaptar versiones de sus páginas web en tamaños más reducidos. Este tipo de etiqueta es útil porque informa de cómo de grande se expondrá el sitio web en el dispositivo.
- ➲ **Meta *Nositelinlssearchbox*.** Con esta meta etiqueta estás dando instrucciones a *Google* para que no muestre una caja de búsqueda en tu sitio web, y así no ponérselo fácil al usuario que ha accedido a tu página para que realice otra búsqueda.
- ➲ **Meta *Nosnippet*.** Esta etiqueta meta evita, si este es tu propósito, que *Google* aporte tu contenido como una respuesta directa a una búsqueda de usuario. Lo que hace *Google* es utilizar parte de tu contenido de tu sitio web para dar respuesta al usuario, de forma que el texto respuesta aparece como un fragmento destacado de tu contenido. Tú decides si quieres evitarlo o no.

Para conocer cómo puedes configurar las meta etiquetas más relevantes al sitio web de tu negocio, presta atención a los siguientes enlaces:

Pasos para crear etiquetas meta
Description

https://redirectoronline.com/comm061po0112

Cómo configurar el robots.txt
paso a paso

https://redirectoronline.com/comm061po0146

Qué saber sobre etiquetas
Viewport, el SEO para móviles

https://redirectoronline.com/comm061po0114

Descubre la nueva Caja de
Búsqueda de Sitios de Google

https://redirectoronline.com/comm061po0147

Cómo evitar que *Google* utilice
fragmentos de mi contenido para
dar respuestas directas a usuarios

https://redirectoronline.com/comm061po0116

No obstante, y después de que hayas visto lo anterior, existe un tipo de etiqueta meta de la cual no puedes olvidarte. Se trata de la ***Title Tag*** o **meta etiqueta de título.**

La estructura del código HTML de esta etiqueta meta es parecida a la siguiente:

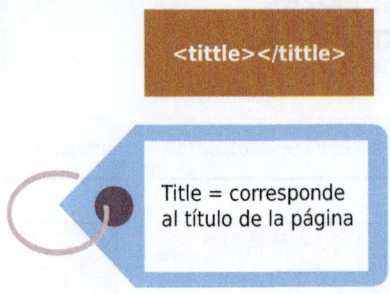

Title = corresponde
al título de la página

Separar signo =

Esta *Title Tag* es un componente de obligada incorporación y quizá la más importante si quieres que tu sitio web sea encontrado.

Si la página web de tu negocio tiene incorporada esta **meta etiqueta,** tendrás posibilidades de:

Proporcionar **NOTORIEDAD** al sitio web | Estimular **CLICS** de los usuarios al sitio web | Promover la **PROGRAMACIÓN** de los contenidos del sitio web

 **PARA SABER MÁS**

Si quieres conocer algunos consejos que *Google* ofrece para comprobar la eficiencia de las meta etiqueta de título, no dejes de entrar en el siguiente enlace:

Continúa en página siguiente >>

<< Viene de página anterior

https://redirectoronline.com/comm061po0117

A continuación, podrás descubrir los códigos HTML de cada tipo de etiqueta meta. La idea es que puedas familiarizarte con ellos para que, si decides incluirlos tú mismo en tu sitio web, la apariencia no pueda resultarte un engorro:

Representaciones de la sintaxis de los códigos HTML de las diferentes meta etiquetas

META DESCRIPTION
- "meta name="description"content="Esta es la meta descripción de la página"/>

META ROBOTS
- "<meta name="robots"content="VALOR1,VALOR2"/>

META VIEWPORT
- "<meta name="viewport"content="widht=device-width, initial-scale=1.0">

META NOSITELINKS-EARCHBOX
- "meta name="google"content= "nositelinkssearchbox"/>

META NOSNIPPET
- "<meta name="googlebot"content="nosnippet">

Para evitar que el desconocimiento en la materia te provoque cierta frustración a la hora de gestionar las etiquetas meta, existen herramientas que te pueden facilitar incluir las meta *Tags* en tu web sin necesidad de manejar los "extraños códigos HTML".

Yoast

Es una aplicación que te permite incorporar las etiquetas meta en cada página de tu sitio web de *WordPress* que decidas.

Aplicación web de gestión de etiquetas meta

Puedes acceder a *Yoast* través del siguiente enlace:

https://redirectoronline.com/comm061po0118

All in One Seo Pack

Es otra aplicación para *WordPress* que te permite incorporar las etiquetas meta en cada página de tu sitio web para su uso. Es mucho más sencilla que la anterior.

Fácil aplicación web de gestión de etiquetas meta

Para acceder a esta aplicación utiliza el siguiente enlace:

https://redirectoronline.com/comm061po0119

Google Search Console

Por último, aquí tienes la herramienta de *Google* para gestionar las etiquetas meta. Además, podrás recibir innumerables consejos sobre posicionamiento web en esta área del SEO.

Aplicación web que ofrece consejos en la configuración de etiquetas meta

A través de la herramienta gratuita de *Google Webmaster Tools,* podrás obtener mayor información y recomendaciones sobre la configuración de las etiquetas meta. Puedes acceder a esta herramienta en el siguiente enlace:

https://redirectoronline.com/comm061po0120

5. Enlaces (I)

☞ HILO CONDUCTOR

Tras la nueva inventiva, el resultado obtenido en el enfoque del sitio web de Sonia en busca de mejorar el posicionamiento en buscadores está teniendo resultados que van llegando poco a poco. Ella es conocedora de que, una vez puesta en marcha la aplicación de las técnicas SEO, los resultados no son inmediatos; aun así, la tarea no está concluida.

Según comiences a profundizar en las técnicas SEO más importantes, sin duda alguna te encontrarás con las que actualmente están pisando más fuerte en el mundo del posicionamiento web.

Indicarte que las técnicas avanzan a una velocidad a veces inalcanzable para la gran mayoría de los mortales. No obstante, la que podría ser la mejor fórmula para ganar adeptos en internet, mañana podría ser un método prácticamente desfasado.

Lo que sí es cierto es que, para entender las nuevas metodologías para incrementar la visibilidad de tu negocio, tendrás que conocer cuál ha sido la evolución; quizá, de esta manera, podrás comprender mucho mejor el lenguaje digital del que nada ni nadie se escapa si quiere ser competitivo en esta era de **transformación digital** en la empresa.

A continuación te invitamos a que visites el siguiente enlace que te permitirá reflexionar, lo que te ayudará a **"enlazar"** con el siguiente contenido.

https://redirectoronline.com/comm061po0121

Si te has fijado bien en el histórico de la información anterior, esta concluye en el año 2015, que resulta ser el año en el que se redactó el documento. Pues bien, ¿qué ha ocurrido con las prácticas SEO desde entonces?

En primer lugar, tendrás que saber que, desde ese año 2015 hasta la fecha, se han producido cambios espectaculares en el ámbito de internet para las empresas.

La siguiente imagen, extraída del Observatorio Nacional de las Telecomunicaciones y Sistemas Informáticos, muestra información relativa a la evolución de las relaciones empresariales con el mundo de internet.

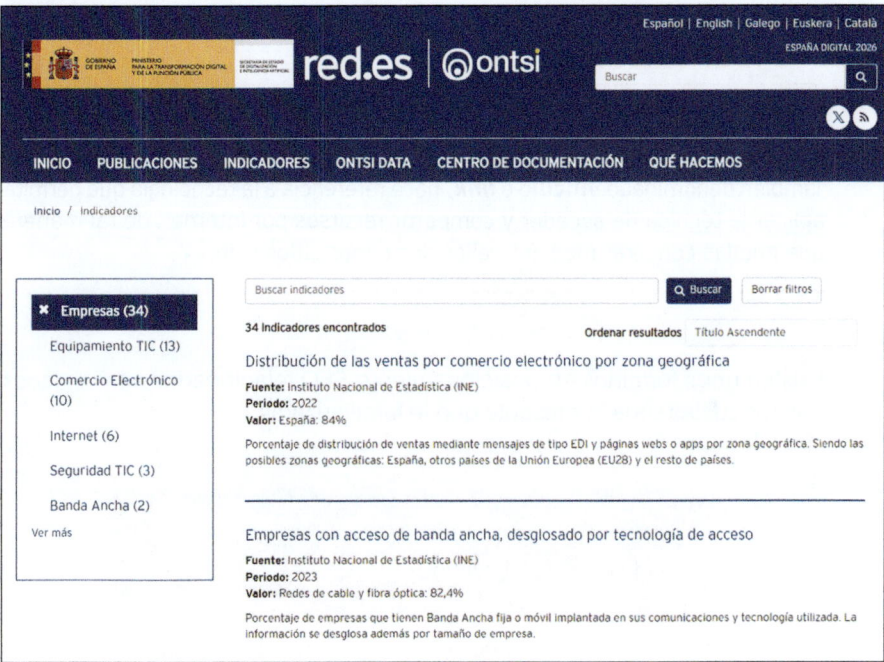

Imagen sobre indicadores de las relaciones empresas-internet de ONTSI.

Si prestas atención en el indicador **"Empresas que utilizaron medios sociales"**, se observa que ha habido un aumento por parte de las empresas del uso de las **redes sociales**, que han hecho posible un desarrollo y evolución de las técnicas de posicionamiento web, principalmente basadas estas en la incorporación de los **enlaces** como maniobras para conectar con un público digitalizado que navega constantemente por el **ecosistema de internet.**

Por otra parte, también se incrementa el número de negocios que se publicitan en internet, y es que el mero hecho de tener presencia en el ciberespacio genera multitud de oportunidades empresariales.

No obstante, y como ocurre en otros casos, es importante conocer las fórmulas de aplicación de estas técnicas SEO, con el fin de optimizar el sitio web de tu empresa.

Para conseguir mejorar estas oportunidades que ofrece internet, te adentrarás a continuación en el mundo de los **enlaces,** también denominados **vínculos** o *links.*

DEFINICIÓN

Enlace
También denominado **vínculo** o *link,* hace referencia a la tecnología que permite aplicar la técnica de acceder y compartir recursos por internet, de tal manera que puedas conectar mediante ellos dos o más sitios web.

Existen unos términos en posicionamiento SEO relacionados a los enlaces con los cuales sería interesante que te familiarizaras.

Link Building
- El *Link Building* es una técnica empleada para la creación de enlaces para favorecer y potenciar el posicionamiento web.

Backlinks
- Los *backlinks* son todo *link* que enlaza a tu sitio web y que aparece en cualquier otro sitio web distinto al tuyo.

Anchor text
- Este concepto hace referencia a la palabra o palabras que constituyen el vínculo o *link* que traslada desde una página web a la otra. Es la palabra perceptible por el usuario en la que este hace clic.

Una eficaz estrategia **Link Building** consistirá en enlazar páginas hacia tu **website** o sitio web, de tal manera que dotes de cierta atribución y soberanía a tu dominio consiguiendo así mayor visibilidad en internet.

Es ahora cuando entra en el juego el concepto anteriormente mencionado: **Backlinks.** En este sentido, utilizarás dos tipos de *Backlinks:*

Backlinks Dofollow	Backlinks Nofollow
- Los enlaces *Dofollow* tienen la capacidad de indicarle a los motores de búsqueda de *Google* que sigan el enlace. Si una página incluye estos enlaces en su sitio web, conseguirá que aumente la autoridad del nuevo sitio enlazado disminuyendo el de la propia página que los incluye. Debes saber que estos enlaces sirven para que *Google* descubra contenidos y páginas nuevas.	- Los *Backlinks NoFollow* son enlaces que recibes en tu web mediante un dominio externo, pero que no influye en el *ranking* de posicionamiento web. Sin embargo, juegan un papel fundamental, ya que al no estar "vigilados" bajo *Google,* contendrán información de calidad para los usuarios de internet que acceden a él.

Conocido el significado de los términos anteriores, ahora vas a ver algunos aspectos interesantes de los **enlaces Dofollow.** Pero ¡ojo! Hablamos de enlaces *Dofollow;* más tarde entenderás la perspectiva desde los **Backlinks Dofollow.**

Ventajas	Inconvenientes
- Estos enlaces ayudarán a *Google* a localizar la página y los contenido de un sitio en internet. - Usar este tipo de enlaces significa en el lenguaje de internet que ese otro sitio merece la pena visitarlo, por lo que *Google* entiende que le das un voto a favor al sitio en cuestión. - *Google* premia a aquellas páginas que incorporan información de terceros, por lo que son una buena opción para adquirir visibilidad.	- Al incorporar enlaces *Dofollow* en tu página web, te quitas protagonismo cediéndolo a terceros.

IMPORTANTE

Cuando en vez de ser tú quien incorpores en tu página enlaces de otros sitios web, te encuentres con enlaces de otras páginas que enlazan con la tuya, se denominará *Backlinks Dofollow*.

- -

CONSEJO

Una estrategia de *Blacklinks* adecuada opta por *Backlinks Dofollow* de sitios web de bastante prestigio; cuanta mayor influencia tenga esos sitios web, será mejor para tu posicionamiento web.

- -

De igual manera, los enlaces **Nofollow** tienen unas características especiales que, entendiéndolas bien, te ayudarán al objetivo que persigues en el posicionamiento web.

Pero antes de saber en qué consisten, tendrás que saber que todos los enlaces, a menos que los configures de manera contraria, son del tipo *Dofollow*.

Pues bien, los enlaces tipo *Nofollow* están configurados mediante un atributo en su código HTML, en el que se especifica la característica de *Nofollow*. Esta particularidad indica a *Google* que no siga este enlace. Pero desde el enfoque **Backlinks Nofollow,** y aunque se mantiene la orden a *Google* de que no rastree ni siga los *links*, los usuarios NO son motores de búsqueda automatizada y para ellos sí son útiles estos enlaces que pueden contener información interesante. Esto hace posible que aumenten las visitas y pueda generar audiencia, además de aumentar el tráfico hacia la web.

VÍDEO

En el siguiente vídeo se pone a prueba al principal buscador de internet. Los motores de búsqueda de *Google* reaccionan con resultados sorprendentes frente a dos páginas web donde se han incorporado enlaces *Dofollow* y *Nofollow.*

https://redirectoronline.com/comm061po0123

5.1. Enlaces internos

Ahora que ya has comprendido lo más complicado sobre los enlaces, profundizarás en la diferenciación genérica de los mismos.

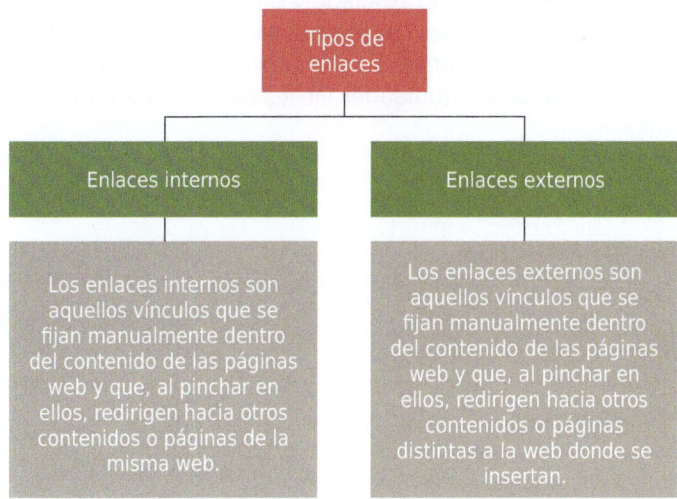

Centrándonos en los primeros tipos de enlaces, has de conocer qué ventajas tienen y por qué son tan útiles para la práctica SEO.

Pero antes lee el siguiente ejemplo:

 EJEMPLO

Imagínate que tienes un blog sobre turismo accesible y publicas durante el mes de julio unos 10 artículos sobre tu temática. De estas publicaciones, tres de ellas reciben enlaces (desde otras publicaciones anteriores) y las otras siete, no.

Teniendo en cuenta el caso anterior, para los motores de *Google* será más fácil entrar en las publicaciones que reciben enlaces internos (otras publicaciones anteriores) que a otras siete publicaciones restantes que lo único que han hecho es generar su propia URL que, por cierto, quedará suspendida como un ente en el espacio en el dominio de esa web, donde se encontrarán con todas las URL generadas pero aisladas.

Es evidente que los *Googlebot* llega más fácilmente a una página web que tiene insertado enlaces internos. La explicación, metafóricamente hablando, sería como si le dieras la oportunidad a los robots de *Google* de decidir si quiere ir por un camino asfaltado y sin complicaciones o bien llegar a través de un acantilado lleno de recovecos. Piensa que *Google* cuenta con un presupuesto *(Crawl Budget)* para alcanzarte, y si se lo pones difícil, desistirá; tiene millones de oportunidades fáciles para llegar a otras metas distintas a la tuya.

 DEFINICIÓN

Crawl Budget
Es el término que define el presupuesto de rastreo que *Google* destinará a cada sitio web.

 **NOTA**

Los enlaces son como las vías para los trenes. *Google* es un AVE al que le gustan las vías rápidas. Aquí tienes la explicación de por qué son tan importantes los enlaces para el posicionamiento web de tu negocio.

Sin embargo, que incorpores a diestro y siniestro enlaces internos en el contenido de tu web no te asegura en absoluto despertar el interés de *Googlebot.*

Tendrás para ello que gestionar correctamente los enlaces internos para cada una de las etapas en las que actúan los robots de *Google:*

RASTREO: *Google* rastrea mejor los nuevos contenidos que son enlazados.

INDEXACIÓN: *Google* indexa (incorpora a un índice) mejor nuevos contenidos que son enlazados.

POSICIONAMIENTO: *Google* posiciona mejor aquellos nuevos contenidos que son enlazados.

¿Pensabas que ya sabías todo sobre los enlaces internos? Piensa que la información es poder y cuantos más conocimientos tengas sobre ellos, más rendimiento le podrás sacar.

Existen diferentes **tipologías de enlaces internos,** cada uno de ellos con unas características en su nomenclatura que lo diferencia del otro; sin embargo, lo importante es que los enlaces internos faciliten mediante el *marketing* el reencuentro con *Googlebot.*

Palabras clave	Consulta de estrategias digitales
Marca	*Simon Kucher & Partners*
Marca + palabra clave	Consulta de estrategias digitales *by Simon Kucher & Partners*
Frase + palabra clave	La mejor consultora de estrategias digitales la tiene en *Simon Kucher & Partners*
Genéricos	Puedes consultar nuestro método en la web
URL	http://www.simonkucher.com/es/ industries/business-serves
Anchor	Para conocer la consulta de estrategias digitales pulsa este enlace
Sinónimo	*Maketing digital* para tu negocio

NOTA

Todos y cada uno de los ejemplos expuestos tendrían insertado el mismo enlace interno *https://www.simon-kucher.com/es/industries/business-services*. Sin embargo, la "llamada" será diferente utilizando prácticas SEO diferentes.

- -

APLICACIÓN PRÁCTICA

Carlota es *Community Manager* de una compañía que comercializa ropa deportiva. Ella se encarga, entre otras funciones, de mantener

Continúa en página siguiente >>

<< *Viene de página anterior*

el blog de la página web activo. Entre sus principales objetivos están aumentar sus suscriptores y ganar posicionamiento web.

¿Sabrías indicarle cuál de las siguientes acciones le permitiría conseguir más fácilmente sus objetivos?

a. **Le aconsejas que, cada vez que publique un nuevo post en el blog, inserte un enlace interno a todas las páginas de la web de la nueva entrada.**
b. **Le aconsejas que, cada vez que publique un nuevo post en el blog, inserte un enlace externo desde la página cabecera o de inicio a la nueva entrada.**
c. **Le aconsejas que, cada vez que publique nuevos post en el blog, inserte un enlace interno desde la página cabecera o de inicio a la nueva entrada.**

Solución

Aunque el posicionamiento web es posible conseguirlo mediante enlaces externos, el caso que ocupa debe aprovechar la entrada a un nuevo post para publicitarlo en la página principal que es aquella que estará indexada y se entiende que es la más visitada por los usuarios y que, sin duda, agilizará el reconocimiento por parte de los robots de *Google;* además, si incluye palabras clave en el contenido del post, aumentará las probabilidades de conseguir los objetivos propuestos.

- -

5.2. Conseguir enlaces externos. Alta en directorios

Ya has visto que es posible optimizar tu sitio web haciendo uso de algunos mecanismos SEO, trabajando desde el enfoque de los buscadores, palabras clave, dominios, URL y enlaces internos. Sin embargo, existe la posibilidad de dar un nuevo impulso al recién estrenado posicionamiento *online* de tu negocio desde los **enlaces externos.**

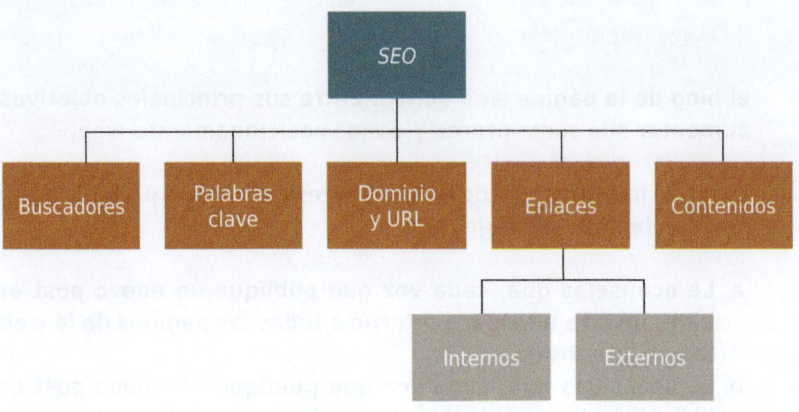

Imagino que te preguntarás si no sería suficiente con todos los esfuerzos realizados hasta ahora, pero hemos de decirte que, aunque la decisión es tuya, aún quedan elementos para explotar tu *website* y ganar posiciones en los buscadores.

CONSEJO

Cuanta más información dispongas de cómo los motores de búsqueda realizan su trabajo, más fácil te resultará establecer la estrategia adecuada de posicionamiento web, con la idea de formar parte de los mejores resultados de búsqueda lo antes posible.

¿Qué son los enlaces externos y qué diferencias aportan en cuanto a posicionamiento SEO?

No olvides que el objetivo principal que debe llevarte a estar motivado en este aprendizaje sobre los enlaces es saber hacer uso de ellos para la mejora del SEO de tu web.

Ahora verás las diferencias en cuanto a ganar posiciones en *Google* entre usar enlaces internos o **enlaces externos,** no sin antes recordar la definición de este concepto.

 **DEFINICIÓN**

Enlaces externos

Son aquellos vínculos que se fijan manualmente dentro del contenido de las páginas web y que, al pinchar en ellos, redirigen hacia otros contenidos o páginas distintas a la web donde se insertan.

- -

Los enlaces externos enlazan contenido de dominios diferentes.

Una vez ya despejadas las diferencias de conceptos entre enlaces internos y enlaces externos, comprobarás que el uso de ambos para el posicionamiento web tiene beneficios complementarios.

Links que llevan a otras páginas dentro del mismo dominio (enlaces internos)	*Links* que llevan a otras páginas de diferentes dominios (enlaces externos)
- Hace que tu web sea práctica al navegar por ella. - Aumenta el tiempo de permanencia del usuario en tu página. - Facilita a *Google* encontrarte. - Facilita a *Google* la información sobre tu página.	- Te ayudan a no mantenerte aislado en internet. - Ayudan a *Google* a conocer otros sitios y relacionar temática. - Ayudan al usuario a completar información sobre el tema que le interesa.

Es evidente que **Google te premiará** si le ayudas en la ardua tarea de añadir a su base de datos información relevante sobre temas que interesan, pero ¿cómo es esta ayuda?

Pues bien, si insertas enlaces en tu página de otros sitios web, *Google* interpreta que ese *website* tiene calidad como para ser rastreado e incorporado a su índice de base de datos.

¿Comprendes ahora esa lucha e interés para que los contenidos propios sean compartidos por terceros?

En la siguiente imagen se refleja este interés:

Imagen que refleja el interés de que un contenido web sea compartido por terceros

Una vez que tienes identificada la eficiencia de la inserción de *links* externos en tu página web del negocio, tendrás que dedicar tiempo en localizar sitios web de calidad que quieras promocionar en tu contenido.

Las estrategias de Link Building son una excelente herramienta para aumentar nicho de mercado en el ecosistema digital donde los usuarios navegan, así como ganar en posicionamiento web. No obstante, estas estrategias requieren de técnica.

¿Qué tipos o temática de enlaces externos interesan más a los usuarios? ¿Cómo conseguir enlaces externos interesantes?

El *marketing* digital es una disciplina cada vez más experimentada que ofrece diversas soluciones para los negocios *online.* Existen estrategias de *marketing* digital que engloban un conjunto de medidas denominadas **estrategias *Link Building.*** Gracias a ellas, gestionarás mejor el tiempo y los recursos económicos de tu nueva empresa.

Enlaces externos de mejor rendimiento	- N.º 1. Web con temática específica - N.º 2. Prensa, televisión y cualquier medio de comunicación a nivel nacional - N.º 3. Prensa, televisión y cualquier medio de comunicación a nivel de localidad - N.º 4. Blogs con temática específica - N.º 5. Blogs PBN - N.º 6. Directorios - N.º 7. Foros

- **N.º 1. Web con temática específica.** Son webs con alta reputación, responden a sitios oficiales cuyo contenido corresponde a una temática específica. Ejemplos: las webs corporativas de equipos de fútbol, federaciones, marcas, etc.
- **N.º 2. Prensa, televisión y cualquier medio de comunicación a nivel nacional.** Son conocidas por todos. La prensa escrita ha encontrado un nicho de negocio importante en el mundo digital. Son muchos los

medios de comunicación que tienen una relevancia importantísima en internet.

- **N.º 3. Prensa, televisión y cualquier medio de comunicación a nivel de localidad.** Como las anteriores, también tienen tráfico de usuarios pero en menor proporción; aun así, son enlaces externos de relevancia.
- **N.º 4. Blogs con temática específica.** Son sitios web donde, de manera periódica, se publican *post* generalmente de una temática específica, generando tráfico de usuarios interesados en el área tratada.
- **N.º 5. Blogs PBN.** Es una red que puedes crear englobando un conjunto de blogs con idea de poder optimizar las estrategias de *Link Building*. Aunque es un sitio web, puede considerarse como una estrategia de posicionamiento SEO en sí, principalmente para proyectos de reciente creación.
- **N.º 6. Directorios.** Un directorio es un lugar virtual gestionado por profesionales, donde quedan identificadas, ordenadas y clasificadas las diferentes webs encontradas en internet.
- **N.º 7. Foros.** Los foros son lugares de encuentros virtuales donde los usuarios participan activamente comentando noticias o publicaciones.

Atendiendo al cuadro anterior, el tipo de enlace externo que mejor rendimiento ofrece de cara al SEO es aquel que redirige a webs de gran autoridad y que reciben gran cantidad de visitas. Asimismo, estas webs tienen insertados enlaces externos de otras páginas de la misma temática a la suya, generando una comunidad de usuarios interesados en un mismo tema.

En un segundo lugar, por orden de relevancia, se encuentran los medios de comunicación a nivel nacional; incluir en tu contenido enlaces de estas webs también generará tráfico, pero como inconveniente destacamos que el tráfico, en esta ocasión, no está clasificado o segmentado.

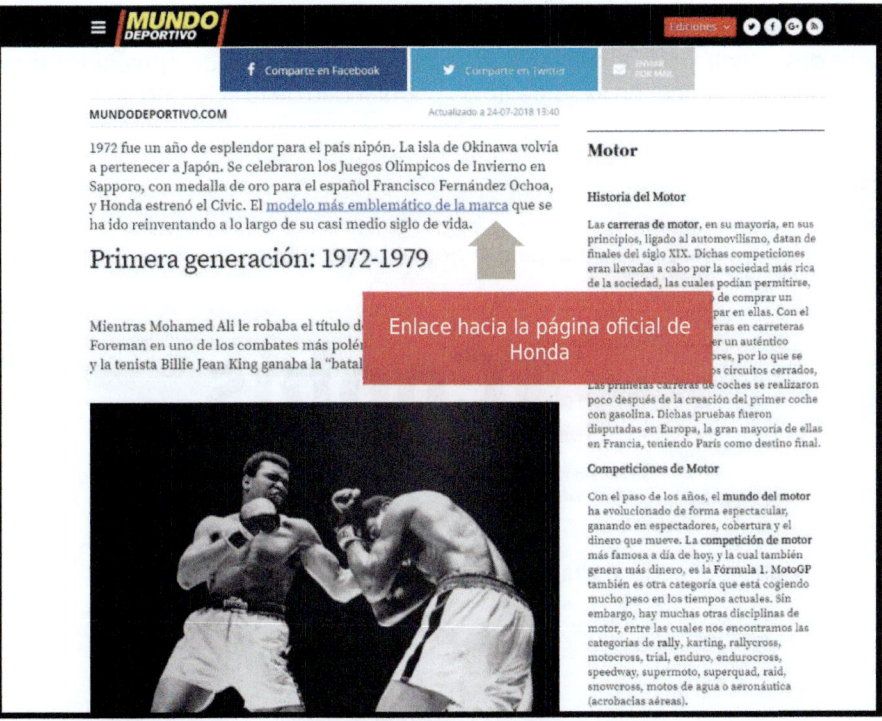

Imagen en donde se aprecian links externos insertados en páginas de medios de comunicación nacional (© Fotografía: Mundo deportivo / www.mundodeportivo.com)

 ACTIVIDAD COMPLEMENTARIA

3. En relación al contenido explicativo anterior donde se informa de los tipos de enlaces externos de mejor rendimiento para el posicionamiento web, en el 5.º lugar aparece los blogs PBN. Ya sabes que la PBN es una red de blogs que, al gestionarlas desde un único sitio, permite optimizar las estrategias de *Link Building* dando impulsos a negocios de nueva creación. Aunque es un sitio web, puede considerase como una estrategia de posicionamiento SEO en sí.

Dicho lo anterior, investiga en internet características de esta novedosa estrategia *Link Building* que tiene sus ventajas e inconvenientes.

Ha llegado el momento de que tomes nota de aquellos lugares donde puedes acudir para encontrar *links* interesantes publicando contenidos que pueden originar un incremento de popularidad de tu sitio web.

_____

Coobis

Plataforma especializada para conectar blogs, webs, etc., con anunciantes.

Plataforma web especializada en establecer relaciones entre empresas y profesionales de internet

Si quieres acceder a ella, utiliza el siguiente enlace:

https://redirectoronline.com/comm061po0124

_____

Publisuites

Consigue más visibilidad para tu negocio con contenido de calidad en webs y redes sociales con **Publisuites.** Una plataforma popular que da soluciones de estrategias de *marketing* que ahorran tiempo y dinero.

Plataforma web orientada a dar soluciones de marketing digital.

Puedes acceder a esta página a través del siguiente enlace:

https://redirectoronline.com/comm061po0125

Unancor

Esta plataforma contiene medios de comunicación locales y nacionales.

*Plataforma web que incluye sitios de internet
específicos de medios de comunicación*

Puedes acceder a esta página web a través del siguiente enlace:

https://redirectoronline.com/comm061po1026

6. Enlaces (II)

☞ HILO CONDUCTOR

El carácter emprendedor de Sonia y el interés que siempre tiene por aprender han hecho que se convierta en una experta en el manejo de técnicas de empleo de palabras clave, dominios, URL y enlaces internos. Está tan emocionada, que no duda en analizar la competencia en profundidad. Para ello hace uso de herramientas web que, además, le indicarán qué profesionales relacionados con su actividad cuentan con cierta autoridad en *Google*. Está claro que quiere aprender de los mejores.

- -

Como habrás podido comprobar, el mundo de los enlaces es apasionante siempre y cuando domines algunas técnicas que te permitan sacar provecho. En caso contrario, es posible que metas la pata. Sin embargo, merece la pena intentarlo, pues solo tendrás que invertir algo de tiempo para que tu negocio pueda competir alegremente en internet.

No obstante, hemos de decirte que aún es posible profundizar más en cuanto a **técnicas SEO** donde los enlaces tengan un papel protagonista.

Existen otras maneras de manejar los *links* para que puedas sacarles el máximo partido, pero además tendrás que conocer qué acciones evitar que pueden llevarte a cometer errores que *Google* no te perdonará.

Hasta ahora hemos centrado la atención en enlaces que redirigen a otras páginas del mismo dominio (enlaces internos) y vínculos que redirigen a otros sitios web con dominios diferentes (enlaces externos). Sin embargo, hay un universo de comunicación digital que brinda muchas más oportunidades para que tus productos o servicios sean encontrados en internet.

6.1. Marcadores sociales. Intercambio de enlaces

Te preguntarás qué otros mecanismos SEO están a tu alcance. Pues bien, los descubrirás una vez comprendas el significado del término **marcadores sociales.**

DEFINICIÓN

Marcadores sociales

También llamados *Social Bookmarketing,* son una especie de espacios sociales que permiten archivar, clasificar y compartir vínculos en internet.

- -

VÍDEO

En el siguiente tutorial sobre el uso de marcadores sociales ofrece información detallada sobre esta plataforma.

https://redirectoronline.com/comm061po0148

- -

Como has comprobado, los marcadores sociales son herramientas de la web cuya fórmula de organizar enlaces permite guardar información de interés, páginas, contenidos web y recursos categorizando estos mediante **etiquetas.**

DEFINICIÓN

Etiqueta

Hace referencia a un sistema de clasificación de recursos web mediante pala-bras clave.

- -

Los marcadores sociales permiten guardar contenido diverso que resulte interesante y que puede ser consultado posteriormente en otro momento.

Pero, además, los marcadores sociales tienen otra característica que será muy atractiva para el SEO.

Al mismo tiempo que los **Social Bookmarketing** te brindan la posibilidad de organizar, guardar y compartir tus intereses encontrados en la web, podrás optimizar con ellos los procesos de indexación de tu contenido web, por lo que son una excelente herramienta para el posicionamiento de tu negocio.

Gracias a los marcadores sociales es posible compartir contenido de interés en la comunidad de internet.

El **público digital** se sirve de los marcadores sociales para archivar en listas contenidas en servidores compartidos todos aquellos recursos web que les resulten interesantes. Esto significa que, si lo deseas, estos índices podrán ser públicos, aunque también podrás decidir su privacidad.

Por lógica, aquellos temas de interés que resulten ser más atractivos para el público digital que utiliza estos marcadores serán señalados o "marcados" por ellos, lo que hará que despierte rápidamente el interés de los motores de búsqueda de *Google.*

Cuando hay un sitio web que despierta un masivo interés entre los usuarios, Googlebots reacciona rápidamente.

Como decíamos anteriormente, los **Social Bookmarketing** son geniales para promover el tráfico web; esto es posible porque se generan vínculos entrantes indexados por los robots de *Google.*

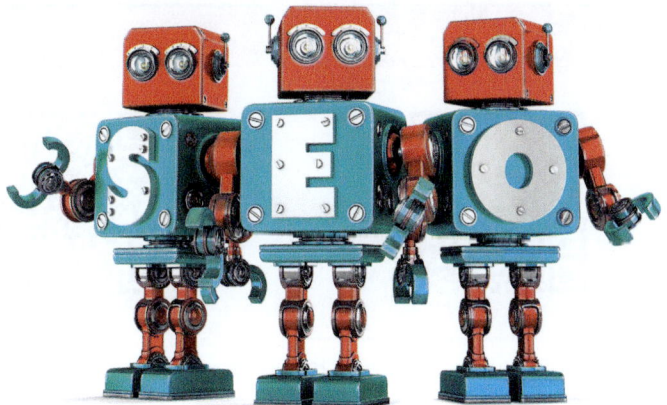

A los motores de búsqueda les gusta el tráfico que generan los recursos compartidos.

Para poder utilizar los marcadores sociales únicamente tendrás que registrarte en ellos. Seguro que querrás conocer los más importantes con los que podrás iniciarte en el **Bookmarketing.**

Aquí tienes una muestra de algunos ejemplos de marcadores sociales conocidos:

SOCIALMARKER
- Es una plataforma que incorpora una interesante herramienta pero de muy sencillo uso para hacer campañas de **Bookmarking** en un solo clic.

DIGG
- Con la plataforma *Digg.com* podrás, además de clasificar el contenido más interesante, localizar resultados de búsqueda por temática. Es uno de los marcadores sociales con más experiencia, por lo que ofrece servicios muy prácticos.

⊕ PARA SABER MÁS

Puedes acceder a dichas plataformas a través de los siguientes enlaces:

Socialmarker	Digg
https://redirectoronline.com/comm061po0128	https://redirectoronline.com/comm061po0129

Continúa en página siguiente >>

<< Viene de página anterior

Excite Bookmark

https://redirectoronline.com/comm061po0130

A continuación verás cómo crear un marcador desde una de estas herramientas:

1. Entra en el navegador en la página que deseas conservar.
2. Copia con el ratón la URL de la página que deseas almacenar.
3. Entra en la plataforma del marcador social que has elegido y en la que te has registrado.
4. Una vez dentro, haz clic en el botón +LINK.
5. Te aparecerá un recuadro denominado "Save a Link", donde tendrás que insertar la URL que copiaste en el paso n.º 2. Dale a guardar ("save").
6. En este paso, te permitirá introducir el título y una pequeña descripción; además, podrás incluirle etiquetas como palabras clave.
7. Posteriormente, si te diriges a la página donde pone "Links", aparecerán todas las entradas que hayas incluido.

Ejemplo de cómo crear un marcador

6.2. Enlaces que penalizan

Como todo éxito en la vida, este proviene del esfuerzo y la constancia, por lo que la práctica SEO debe ser una estrategia que adoptes de manera comprometida. En especial, la utilización de enlaces deberá ser una práctica constante si tu propósito es el de alcanzar y mantener un buen posicionamiento web.

No obstante, y como ya te anticipábamos, tan importante es conocer y aplicar las técnicas SEO en el manejo de los enlaces como saber qué acciones evitar y que pueden llevarte a cometer errores que *Google* no te perdonará.

Una mala práctica es la de tener insertados en tu página web **enlaces rotos.** A continuación verás en qué consisten estos errores.

Aunque recuperar enlaces rotos es considerado una de las labores más pesadas del SEO, es una labor imprescindible si se quiere ganar posiciones en los buscadores.

Los **enlaces rotos** suponen una traba importante para la visibilidad de un negocio en los *rankings* de los buscadores.

 **DEFINICIÓN**

Enlaces rotos

Hace referencia a los vínculos insertados en una página web que, por motivos varios (desaparición de la página o dirección errónea), ya no son útiles ni redirigen a ningún sitio web.

Continúa en página siguiente >>

<< *Viene de página anterior*

Los enlaces rotos presentan grandes inconvenientes para el posicionamiento SEO de un negocio.

Las estrategias de posicionamiento web los consideran como verdaderos enemigos que hay que combatir, pues todo el esfuerzo que supone para una *startup* el aprendizaje de gestión de vínculos en su página de internet puede irse al traste si no se corrige a tiempo este tipo de errores.

ERROR PAGE

En ocasiones, las redirecciones permanentes (301) y las redirecciones temporales (302) pueden enlazar a páginas que ya no existen, dando el error 404.

Para dar solución a este problema, será primero necesario que aprendas a detectar en tu web estos enlaces que no llevan a ninguna parte y que lo único que consiguen es que pierdas credibilidad frente a buscadores como *Google.*

Para que te sea de ayuda, te mostramos a continuación dos herramientas (una gratuita y otra de pago) que detectan enlaces rotos en los sitios web.

ONLINE BROKEN LINK CHECKER (gratuita)	AHREFS (de pago)
https://redirectoronline.com/comm061po0131	https://redirectoronline.com/comm061po0132

Una vez que dispones de un detector de enlaces rotos, únicamente tendrás que colocar la URL de tu dominio para que la herramienta comience a trabajar. Pronto te responderá con los resultados y, si se hubiera detectado algún enlace roto, la siguiente tarea consistirá en repararlos y sustituirlos.

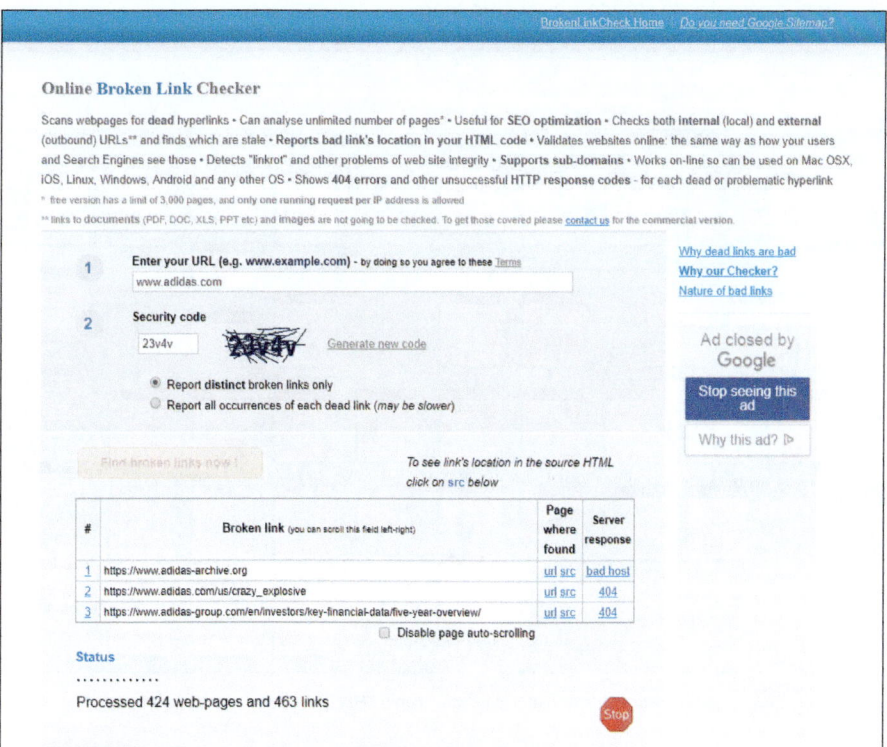

Ejemplo de búsqueda de enlaces rotos con Online Broken Link Checket

6.3. Mapa del sitio *(Sitemap)*

Con el fin de incrementar las posibilidades de que el nombre de tu negocio sea reconocido en términos de SEO por uno de los buscadores más importantes de internet, existe una fórmula que sirve para comunicar a *Google* que hay un nuevo e interesante proyecto (como el tuyo).

Esto es posible gracias a que una herramienta denominada **Sitemap** notifica a los motores de búsqueda de *Google* de la presencia de este nuevo sitio web.

 DEFINICIÓN

Mapa de sitio
Es un archivo que puede estar representado por diferentes formatos y cuya principal funcionalidad es la de facilitar a los buscadores el rastreo, la indexación y el aumento de tráfico de un sitio web.

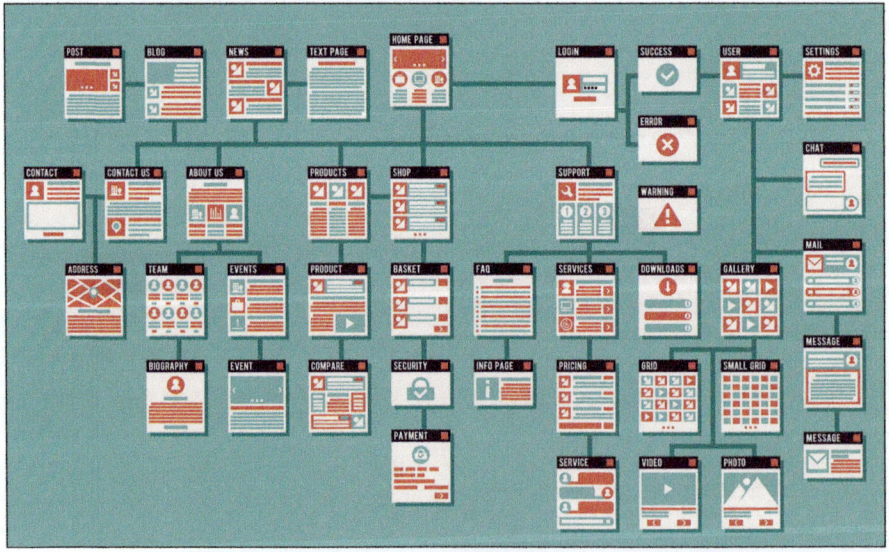

Un Sitemap puede englobar recursos de formatos diferentes como XML, RSS, documento de texto, etc.

Contar con un **mapa de sitio** hará que despierte la atención de *Google* y este rastree más rápidamente tu sitio, aunque esto no garantizará que lo indexe. Pero ***Sitemap*** también tiene funcionalidades avanzadas.

 PARA SABER MÁS

El experto en SEO Luis Villanueva explica las diversas funcionalidades de los mapas de sitio:

https://redirectoronline.com/comm061po0133

7. Contenidos difíciles de posicionar cuando se crea una empresa

 HILO CONDUCTOR

Sonia se pregunta cómo puede mejorar aún más su visibilidad en internet en un mercado *online* donde existen multitud de competidores. De pronto, recuerda una frase que escuchaba a su madre cuando era bien pequeña: "una imagen muestra más que mil palabras". Seguro que esto será una pista que le ayudará a establecer diferencias. ¿Será aplicable también a otros contenidos web difíciles de posicionar?

Como ya viste en un inicio, el posicionamiento en internet dependerá en gran medida de la optimización que hagas de tu sitio web desde los diferentes enfoques donde puedes aplicar las distintas técnicas SEO.

Ahora comprobarás la importancia que tiene el contenido en el posicionamiento web y cómo gestionar los **contenidos difíciles para el SEO** cuando se crea un negocio.

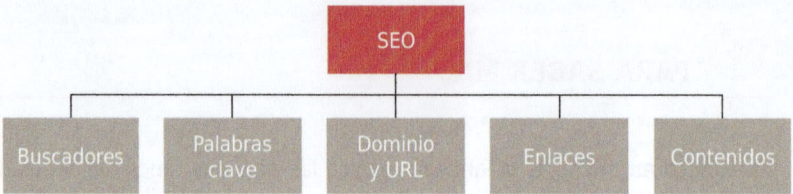

Imagino que te estarás preguntando qué se entiende por "contenidos difíciles de posicionar". Pues bien, cuando alguien emprende un negocio y trata de posicionarlo en internet suele ocurrir que centra el foco de atención en generar contenidos de calidad que, *a priori,* pueda resultar muy atractivo para el cliente. Puedes pensar que esto no tiene nada de malo, y en realidad no lo es, pero si olvidas la parte técnica es un grave error para el posicionamiento web de tu negocio de nueva creación.

Debes tener presente que, para los motores de *Google,* tu contenido será como un depósito de gasolina del que pueda alimentarse, y para ellos necesitarás crear un contenido que contenga todos aquellos nutrientes técnicos que el SEO necesita.

Sin embargo, también es posible que crees un sitio web, redactes contenidos de calidad, selecciones buenas palabras clave y comience tu negocio a recibir visitas de usuarios que se suscriben a tu página. Bien, ¿verdad?

Pero, sin embargo, y de repente, comienza a descender tu popularidad e incluso llegas a no aparecer en los resultados de búsquedas, **¿qué ha ocurrido?**

Es evidente que la **iniciativa** de tu **sitio web** ha debido de ser **penalizada por** *Google,* y desafortunadamente has comprobado cómo esta pérdida de popularidad ha mermado las cifras de negocio.

Saltarte las reglas de juego de Google puede traer consecuencias negativas para tu negocio.

Tu inexperiencia puede jugarte una mala pasada y has debido de olvidar que *Google* tiene unas **reglas de juego** que jamás debes saltarte.

¿Qué has de hacer para confirmar que tu página web ha sido penalizada por *Google?*

Detectar alertas en herramientas de análisis
- Aunque lo verás más adelante, tendrás que aprender el manejo de herramientas de análisis para gestionar alertas que te den aviso de que algo va mal.

Detectar pérdida rápida de posiciones
- Observa periódicamente el lugar donde *Google* ha posicionado la página de tu negocio; así detectarás la pérdida de posiciones para encontrar una rápida solución.

Continúa en página siguiente >>

<< Viene de página anterior

> **Detectar inconvenientes para indexar**
> - Una vez has aprendido las técnicas SEO para que *Google* indexe tu contenido, debes estar atento si no te deja verificar páginas nuevas. Esto significará que *Google* no te deja por algún motivo la indexación de contenido, por lo que la página de tu negocio puede estar penalizada.

Ya has conocido los síntomas y has comprobado que tu página está enferma; ahora te toca conocer el diagnóstico y ponerle nombre a la enfermedad.

Principalmente *Google* penaliza los sitios web cuando encuentra en su rastreo diario que se han aplicado **técnicas oscuras** o **técnicas *Black Hat*** que contradicen las normas de internet.

A continuación tienes algunas de ellas:

- **Contenido duplicado.** El plagio es una de las acciones más penalizadas por *Google*. Cuida mucho de no incorporar a tu página web contenido ya publicado y cuya autoría no te corresponda.
- **Palabras clave no visibles.** Incorporar conceptos relevantes y actuales escondidos en archivos como imágenes u otros elementos que nada tengan que ver con la temática tratada, pero que son conceptos que pueden ayudarte a posicionar tu web, es una práctica muy penalizable por *Google*.
- **Saturación palabras clave.** También denominado ***Keyword Stuffing,*** consiste en la repetición desmesurada de las palabras clave en un mismo contenido web. En este caso, puedes utilizar sinónimos.
- **Contenido incoherente.** Esta práctica es advertida por *Google* porque detecta en los contenidos *links* que dirigen a otras webs de temática totalmente diferente pero de gran relevancia entre los usuarios. Recuerda que un contenido, además de ser atractivo, debe ser útil y dar soluciones a los usuarios.
- **Cuidado con las PBN.** Aunque en un principio puede considerarse como una estrategia SEO, es importante que sepas que para *Google* aquello que siempre se hace en grupo no tendrá tanto mérito como iniciativas innovadoras en un solo sitio web.
- **Redireccionamiento inapropiado.** No redirijas nunca a un usuario a un sitio web que pueda entorpecer la experiencia de lectura del contenido por el mero hecho de incorporar palabras claves que nada tengan que ver con esa experiencia de usuario.

⊃ **Contenido poco ético.** Nunca le quites autoridad a una web insertando en tu página los comentarios de foros de esas webs.

⊃ **El SEO negativo.** Si en tu página se realiza un comentario negativo sobre una marca u otra web, no solo perjudicarás a la otra web, sino que además *Google* irremediablemente te penalizará por ello.

Además, deberás prestar atención a:

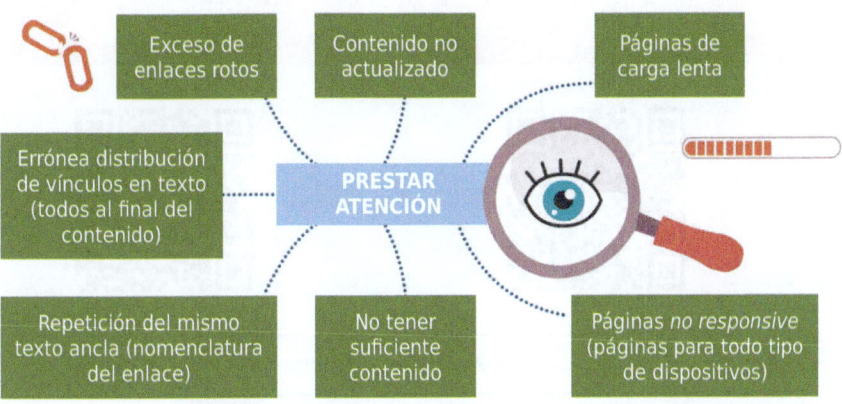

Aun así, todo tiene **solución;** lo único malo es que tendrás que dedicar algo de tiempo a arreglar el problema generado, pero todo sea por el negocio y tu credibilidad en internet.

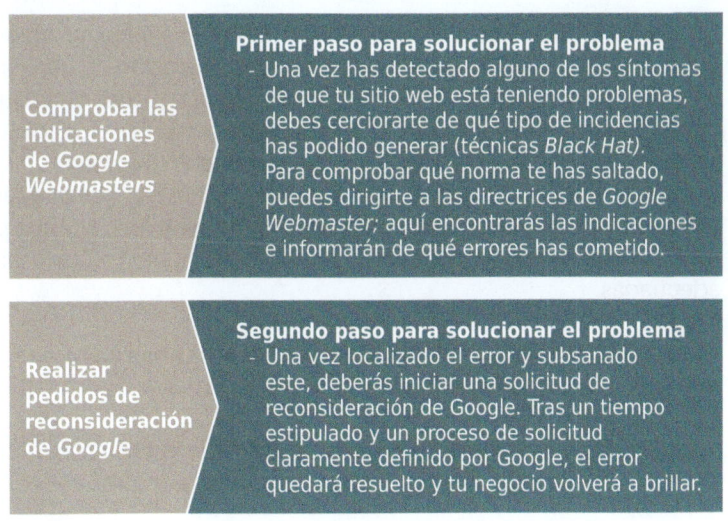

 **PARA SABER MÁS**

Accede a los siguientes enlaces para ver las directrices de *Google Webmaster* y realizar la solicitud reconsideración de *Google*.

Solicitud de reconsideración	Directrices de *Google Webmaster*

https://redirectoronline.com/comm061po0134	*https://redirectoronline.com/comm061po0135*

7.1. Imágenes

La puesta en práctica de todas y cada una de las técnicas anteriormente vistas sirve, entre otras cosas, para mejorar la ubicación de una empresa recién incorporada al mundo *online;* también para aquellas otras que desean ganar posiciones en internet. No obstante, y a medida que van cobrando protagonismo nuevos recursos visuales en la comunicación *online* y en el *marketing* digital, no hay que dejar escapar el potencial que ofrecen las **imágenes** como **estrategias de posicionamiento web** que, aunque pueda parecer un contenido difícil de posicionar, esto no es así si se usan las técnicas adecuadas.

Fíjate en una cosa: **¿cuántas palabras necesitarías para describir una emoción que despierta una imagen?**

Los expertos en *marketing* son conscientes de la importancia que tiene ser capaces de transmitir emociones para despertar el interés en el cliente.

 **RECUERDA**

No olvides que el usuario no compra productos ni servicios, lo que quiere y desea es vivir experiencias. Tú tendrás que buscar la fórmula para que tus productos o servicios despierten esa emoción que el usuario quiere vivir, pero además necesitarás poder ser visible para él, en el inmenso e infinito ecosistema empresarial que ofrece internet.

- -

En relación al SEO, no olvides que los resultados que ofrece una búsqueda vienen categorizados de la siguiente manera:

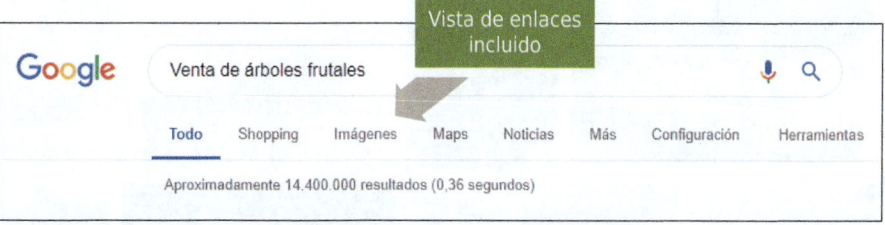

Encabezamiento del resultado de búsqueda en Google

Esto significa que tienes la gran oportunidad de enfocar todas aquellas imágenes de tu sitio web y que representen mejor las soluciones que ofreces como negocio, para subir así en el *ranking* de búsquedas.

Si pinchas debajo del navegador de *Google* donde has realizado la búsqueda de "Venta de árboles frutales" en la pestaña de "Imágenes", el resultado que te brinda *Google* es el siguiente:

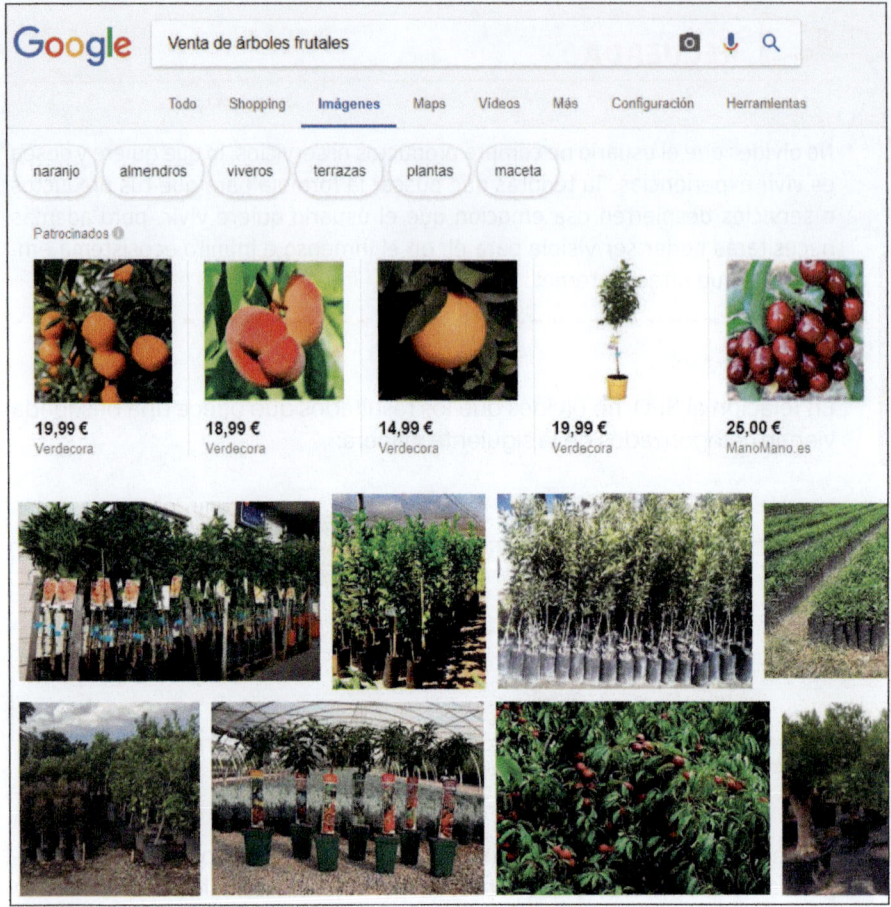

Resultado de búsqueda en Google por imágenes

Como puedes comprobar, los primeros resultados ofrecidos son los patrocinados (de pago); justo debajo se muestran las imágenes de los resultados
orgánicos o naturales.

Si te decides a hacer clic en una de las imágenes ofrecidas, esta te derivará a
la página web del negocio que comercializa árboles frutales y cuya imagen
está indexada en *Google*. En las siguientes secuencias de imágenes, comprobarás que desde las imágenes es posible acceder a la web del negocio:

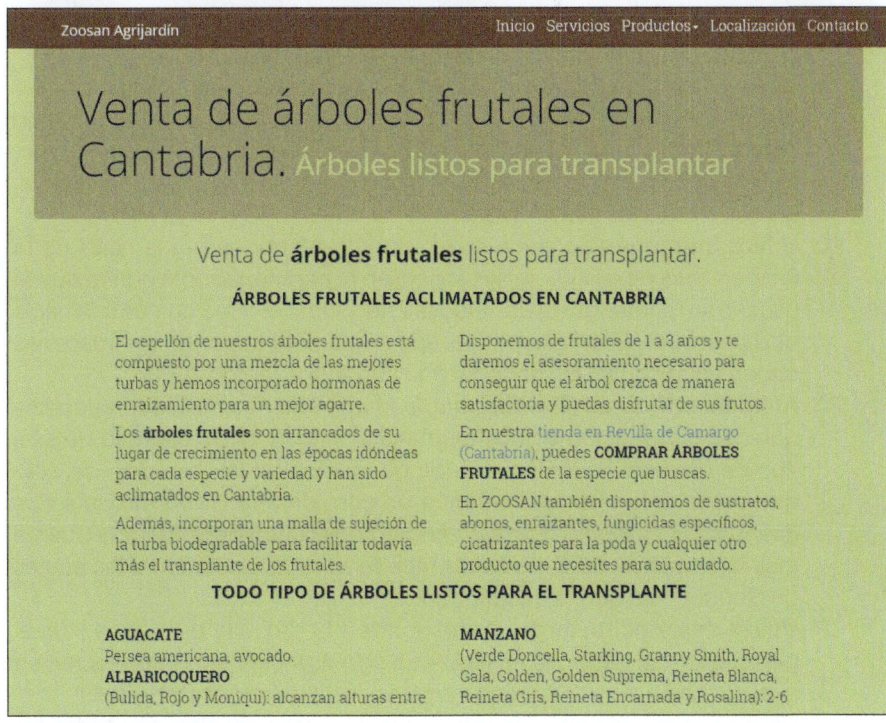

Imágenes de Zoosan Agrijardín

Pero, ¿cómo rastrea e indexa *Google* las imágenes de tu sitio web?

Para conseguir que tus imágenes te ayuden a optimizar el posicionamiento web de tu negocio, presta atención a las siguientes tácticas:

- **Introduce el atributo Alt.** El atributo Alt es una indicación a *Google* de la descripción de una imagen para que esta sea reconocida, es decir, gracias al atributo Alt, el buscador puede interpretar lo que la imagen muestra. No te agobies por incluir el código; prácticamente es automático, solo tendrás que describir lo que la imagen muestra, incluyendo una palabra clave a ser posible y siendo muy concreto. HTML <img> Atributo Alt → Ejemplo:
Muestras una imagen del árbol del té de Australia, el resultado sería tal que así:
<img src="http://ejemplo.com/foto.jpg" alt="Vista del Árbol del Te de Australia"/>

- **Indica un nombre al archivo.** Este indicador muestra el contenido visual de una imagen. Por ejemplo, si ves un nombre de archivo que indique "cachorro-pastor-aleman.jpg" claramente está indicando lo que se ve en la imagen. Es mucho mejor que dejar por defecto la denominación genérica del archivo, que no ofrece ningún contenido de valor.

- **Incluye la imagen en un contexto.** Como sabes, de nada serviría incluir una imagen en un texto que no tenga nada que ver con el contenido tratado. Para ayudarte a insertar las imágenes en un contexto adecuado, fíjate en los títulos de las páginas. *Google* premia los contenidos textuales con imágenes relacionadas.

- **Utiliza imágenes de poco peso.** Cuanto menor sea el tamaño de la imagen, más rápidamente se cargará en la página. *Google* quiere que el usuario se mantenga en un sitio para no asumir el riego de pérdida hacia otro buscador. Si un usuario accede a una página donde las imágenes tardan en cargarse, es probable que abandone rápido el sitio.

- **Añádele etiquetas *(Exchangeable Image File Format)*.** Son etiquetas que dan información complementaria a la imagen. Un ejemplo de este tipo de etiqueta es la coordenada geográfica de la ubicación del sitio que muestra la imagen. También es considerada como etiqueta *(Exchangeable Image File Format)* el nombre del autor de la imagen. Cuanta más información contenga, más fácil se lo estás poniendo a las arañas de *Google* para que te encuentren.

- **Utiliza descripción larga.** Corresponde a la URL a la que dirige la imagen cuando se hace clic en ella. Aquí podrás incluir más información en la descripción de la imagen de lo que puede dejarte el atributo Alt.

- **Crea un mapa de sitio de imágenes.** Un mapa de sitio con todas las imágenes de interés de tu sitio web permitirá a *Google* realizar una indexación más rápida; de otra manera, la tarea es ardua y lenta, tardando mucho más en aparecer en los buscadores.

⮞ **Incluye *anchor text* (palabras clave).** No te olvides de los enlaces e incorpora en ellos las palabras clave. Las imágenes con licencia *Creative Commons* son capaces de conquistar enlaces. Utiliza bancos de imágenes bajo este tipo de licencia.

 **EJEMPLO**

Un ejemplo de estos bancos de imágenes gratuitas es *Pixabay*. Puedes acceder a su página a través del siguiente enlace:

https://redirectoronline.com/comm061po0136

7.2. *Flash*

Has visto algunas técnicas SEO que darán un empuje a la web de tu negocio. Pero hay un aspecto que aún no se ha nombrado relativo a la dificultad de posicionamiento web que presentan determinados tipos de páginas.

Existe una tecnología denominada ***Flash*** utilizada hace unos años y que aún se resiste a desaparecer. *Flash* admite el diseño de páginas webs muy atractivas, caracterizadas por contar con tecnología gráfica con un resultado realmente sorprendente.

Su mayor hándicap ha sido las vulnerabilidades que presenta de cara a la seguridad informática y, aunque hoy en día existen alternativas como **HTML** (5.ª versión de HTML como lenguaje de programación de páginas web), parece que las webs que siguen utilizando *Flash* sobreviven y se resisten a desaparecer.

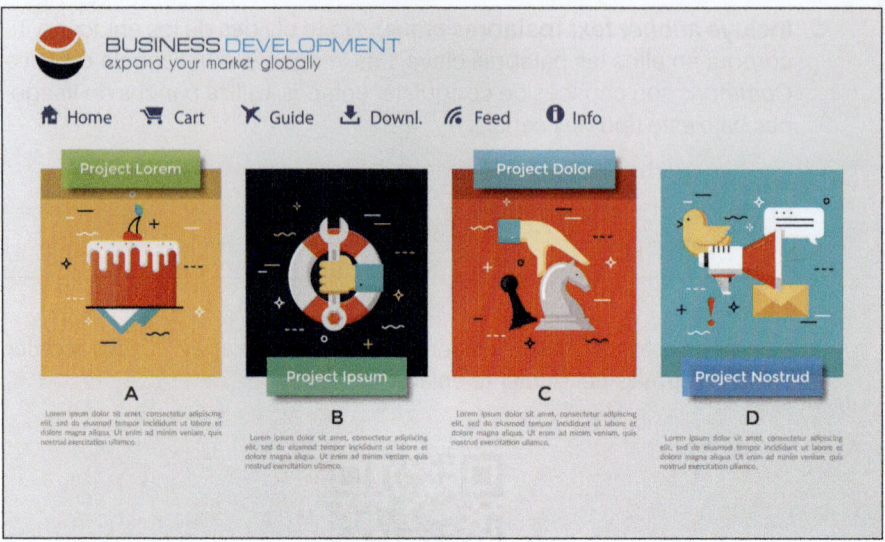

Las webs con tecnología Flash son muy visuales y atractivas

Sin embargo, lo que sí es cierto es que presentan inconvenientes para el SEO, por lo que, si aún tu negocio no tiene sitio web, esta no es una buena opción.

 **VÍDEO**

En el siguiente artículo se explica con todo detalle los motivos por los que no es recomendable tener una página web en *Flash*. Según Berry, existen múltiples razones para evitar el uso de *Flash* en el SEO, incluyendo su incapacidad para ser indexado por motores de búsqueda como *Google*.

https://redirectoronline.com/comm0610149

7.3. La librería *SWFObject*

A pesar de los inconvenientes que presenta *Flash,* en ocasiones el objeto de tu negocio hará necesario que incorpores o insertes archivos que, para su lectura, requiera de esta tecnología.

 **EJEMPLO**

Imagina que comercializas un producto subvencionable y quieres facilitarles a tus clientes la posibilidad de acceder a unos documentos oficiales para presentar la solicitud. Estos documentos habrá que insertarlos en tu web que está creada con *WordPress* (plataforma de diseño de páginas web).

¿Cómo insertar contenido *Flash* en la web?

- -

La respuesta al ejemplo anterior la encontrarás en la **librería *SWFObjetct.*** Esta librería permite embeber los documentos *Flash,* pero además hará posible que *Google* pueda detectar y rastrear este contenido, llegando a ser posible la indexación del contenido de tu página.

 **DEFINICIÓN**

Librería *SWFObject*
Es un método que permite integrar documentos *Flash* en un sitio web sin que los usuarios tengan la necesidad de tener descargado o habilitado **Flash Player** *(software* programa de *Windows).*

- -

Si quieres probar tú mismo, el siguiente enlace te llevará a un sitio web donde se explican los pasos para hacerlo:

https://redirectoronline.com/comm061po0138

En las imágenes siguientes verás una web de *Flash* en la que se le indica al usuario que debe activar *Flash Object* para visualizar el contenido de la página:

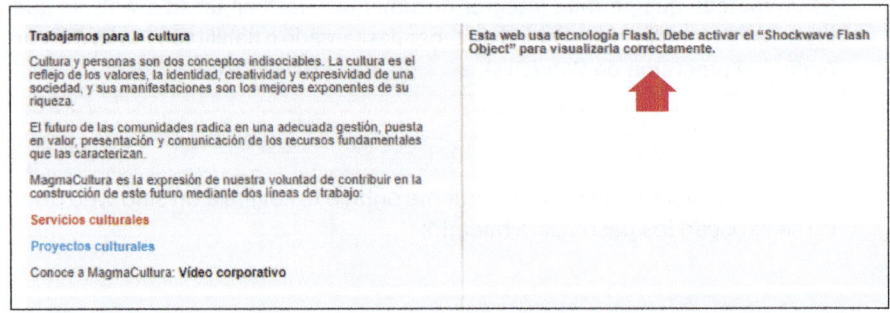

Imágenes de Magma Cultura

7.4. El archivo robots.txt

Hasta este momento te has centrado en conocer qué técnicas utilizar para que tu negocio llame la atención en el mundo de internet. Para ello, las maniobras de SEO que has conocido conseguirán sin duda alguna que el sitio web de tu negocio ocupe una buena posición. Pero **¿qué debes hacer si tu objetivo es justamente lo contrario?**

Los motores de *Google* son incansables. Como sabes se alimentan de todo aquel nuevo contenido que aún no está en su base de datos, entonces **¿cómo evitar que *Google* incluya ciertos contenidos o páginas de tu web en su índice?**

Para obtener la respuesta a esta cuestión tienes a tu disposición los denominados **archivos robots.txt.**

DEFINICIÓN

Archivo robots.txt
Es el archivo al que acuden las arañas de *Google* para saber si quieres o no que el documento sea indexado.

VÍDEO

Este vídeo es un tutorial que, además de explicarte el significado y la funcionalidad de un archivo robots.txt, te guiará cómo crearlo:

https://redirectoronline.com/comm061po0139

Para terminar, te invitamos a que veas este vídeo resumen al que siempre podrás acudir para contar con una visión amplia sobre el **posicionamiento SEO para empresas que están funcionando así como de nueva creación.**

 VÍDEO

Si quieres conocer qué pasos seguir para que tu negocio cuente con un excelente posicionamiento web, visualiza el siguiente vídeo que te proporcionará claves interesantes.

https://redirectoronline.com/comm061po0150

 TAREA 1

Verónica es una apasionada del mundo de la moda. Ya desde bien jovencita apuntaba maneras cuando sus amigas le pedían consejos a la hora de vestir. Tras finalizar sus estudios de diseño, decide emprender con un pequeño comercio *online* donde mostrará y venderá sus bocetos innovadores y donde, además, contará con un blog para dar consejos de moda. Aunque la gama de productos abarca todo tipo de prendas de vestir para mujeres de cualquier edad, en esta ocasión y para promocionar su negocio de una manera especial, ha querido hacer un homenaje a las que considera son un referente en su vida como son las abuelas. Para ello lanza una línea de ropa económica acorde a los nuevos tiempos para este colectivo.

Sobre estos datos, ayuda a Verónica a elaborar una estrategia de posicionamiento en *Google* en la que se incluyan todos estos aspectos:

Continúa en página siguiente >>

<< Viene de página anterior

- Determinar palabras clave y aplicarlas al dominio, URL, título de la página, encabezado, texto de la página y etiquetas meta de la página web del negocio de nueva creación de Verónica, utilizando las herramientas web para este fin.
- Optimizar la URL del sitio web.
- Determinar una meta *Description* con el objetivo de facilitar a *Google* que comprenda mejor la temática del negocio.
- Seleccionar una imagen libre de derechos de autor, acorde con la web, y establecer el nombre de fichero y atributo Alt para esta imagen representativa del negocio.
- Reconocer un sitio de autoridad y buena calidad para enlazar contenidos.

8. Resumen

El mundo *online* brinda a las empresas y a los negocios la gran oportunidad de mostrar un atractivo y atrayente escaparate bien posicionado en internet. Esto implica un conocimiento profundo de los mecanismos que sirven para este propósito, pues no es fruto de la casualidad que determinadas páginas web ocupen los primeros lugares como respuesta a las búsquedas de usuarios cuando pretenden encontrar soluciones a problemas determinados.

Existen unos pilares básicos a tener en cuenta para que el **SEO** o **posicionamiento web** de una empresa de nueva creación tenga posibilidades de competir y ocupar posiciones relevantes en los principales buscadores.

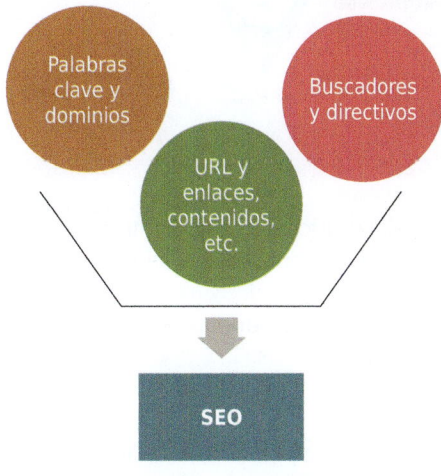

Para ello, habrá que comprender cómo funcionan los motores de búsqueda en su labor continua y constante de alimentar esa gran base de datos que conforma un buscador, siendo principalmente una condición *sine qua non* para el éxito del posicionamiento que la página web del nuevo negocio esté **indexada** en la base de datos de los principales buscadores.

> La **indexación** es la maniobra por la cual los motores de búsqueda del buscador rastrean e identifican un nuevo contenido web para ser incorporado a su base de datos. Sin la indexación sería imposible obtener una eficaz y rápida presencia con un buen posicionamiento web.

Existen dos fórmulas de indexación en función de si el posicionamiento es por **patrocinio** o pagado o, por el contrario, es natural u **orgánico.**

Pero el buscador más conocido, *Google,* premiará a todos aquellos sitios web cuyas aportaciones den soluciones a los usuarios a través de contenidos de calidad que, además, hayan aplicado las técnicas de posicionamiento SEO y cuyo comportamiento sea lo más ético posible.

Los usuarios localizan información por internet escribiendo en el navegador del buscador algunas palabras clave (también denominadas *Keywords).*

El buscador dará respuestas que pueden ser de **resultado orgánico** o **de pago.**

> El buscador dará respuestas que pueden ser de **resultado orgánico** o **de pago.**

Pero para que esta circunstancia se dé y además destaque un nuevo negocio como los primeros resultados de búsqueda, habrán tenido que ser aplicadas maniobras tales como:

- Saber identificar las palabras clave que mejor promocionen el negocio en internet.

- Saber ubicar las palabras clave elegidas tanto en el título, URL, encabezamiento y contenidos de la web.

- Saber incorporar en el sitio web etiquetas meta, con el fin de que los motores de búsqueda descifren el código asociado, agilizando la indexación.

- Saber aplicar técnicas de posicionamiento como *Link Building*, *Blacklinks* y *Anchor Text*; técnicas enfocadas a la gestión de enlaces.

Todas estas acciones provocarán la reacción de las arañas que conforman los motores de búsqueda de *Google,* provocando una más rápida reacción para que el contenido web sea considerado por este buscador como óptimo y válido como respuesta a sus usuarios.

Además, si la página del negocio inserta **enlaces internos** en la web de la empresa que enlace a otros espacios de interés dentro del mismo dominio, incorpore **enlaces externos** de páginas con autoridad y de calidad de manera habitual, utilice **marcadores sociales** que permitan archivar, clasificar y compartir vínculos en internet y además incorpore un **mapa de sitio** en la web, estará poniendo en práctica **estrategias de *Link Building*** que incrementará las posibilidades de que el nombre del nuevo negocio sea reconocido en términos de SEO por uno de los buscadores más importantes de internet.

> Un **mapa de sitio** o ***Sitemap*** es una llamada para comunicar a *Google* que hay un nuevo e interesante proyecto que debe ser indexado.

Todo ello, unido a la **optimización de contenido de difícil posicionamiento** como imágenes, sitios web con *Flash,* etc., servirá para alcanzar no solo la posición en el buscador deseada, sino que la página de la empresa experimente un aumento en el tráfico web, adquiriendo el grado de competitividad necesario para mantenerse y sobrevivir en esta nueva economía digital.

Ejercicios de autoevaluación
Unidad de Aprendizaje 1

1. Indica si las siguientes afirmaciones son verdaderas o falsas:

a. Una *startup* cuando comienza su andadura empresarial no puede jamás ocupar los primeros *rankings* en la búsqueda de resultados de internet.

- Verdadero
- Falso

b. El posicionamiento web es una eficaz herramienta de despegue para una empresa de nueva creación.

- Verdadero
- Falso

c. El emprendimiento requiere de técnicas de visibilidad web si pretende ser competitivo en la economía digital actual.

- Verdadero
- Falso

2. ¿Qué se entiende por SEO?

a. Una tecnología denominada *Search Engine Optimization,* basada en la información.
b. Al conjunto de acciones y técnicas que permiten que una página web determinada sea localizada y aparezca en los primeros puestos de internet de tal manera que, cuando un cliente, consumidor o usuario realice una búsqueda mediante palabras, esta aparezca en las primeras posiciones.
c. Una tecnología que permite ofrecer a los usuarios rápidos resultados en internet.
d. Todas las opciones son correctas.

3. Para un negocio de nueva creación, las técnicas SEO serán aplicadas en todos los campos relativos a:

    a. Los buscadores, palabras clave, dominios, URL y enlaces.
    b. Las palabras clave y los contenidos.
    c. Los buscadores, palabras clave, dominios, URL, enlaces y contenidos.
    d. Los enlaces y contenidos.

4. Los resultados en buscadores de internet pueden ser:

    a. Naturales.
    b. Orgánicos.
    c. Patrocinados.
    d. Todas las opciones son correctas.

5. Que una página web esté indexada significa que...

    a. ... está identificada e incorporada en la base de datos del buscador.
    b. ... está incluida en un directorio.
    c. ... tendrá dificultades para contar con un posicionamiento web.
    d. Todas las opciones son incorrectas.

6. En un directorio...

    a. ... la indexación de una página web es manual.
    b. ... los contenidos deben cumplir requisitos de comprobación de idoneidad.
    c. ... la base de datos es más reducida y el posicionamiento no está condicionado por ninguna palabra clave.
    d. Todas las opciones son correctas.

7. El tráfico cualificado hace referencia a:

    a. Todos los usuarios que visitan la web.
    b. El número de visitas a una web en un intervalo de tiempo que se mantiene constante.

c. El número de visitas a una web que va en aumento en un intervalo de tiempo determinado.

d. Toda visita susceptible de hacerse cliente a corto plazo y ser rentable para el negocio.

8. ¿Qué es *Googlebot*?

a. Un programa informático de *Google* para la búsqueda de enlaces externos de calidad.

b. Un programa de *Google* para crear mapas de sitio.

c. Un programa de *Google* para diseñar páginas web.

d. Una tecnología de *Google* cuya función, a modo de rastreo, selecciona, colecciona y administra documentos en la web con el fin de aumentar su base de datos.

9. Las palabras claves en un sitio web sirven para...

a. ... ayudar a atraer clientes a tu negocio.

b. ... ayudar al cliente a localizar las soluciones a sus problemas.

c. ... ayudar a los motores de búsqueda a entender el contenido.

d. Todas las opciones son incorrectas.

10. Un archivo robots.txt sirve exclusivamente para:

a. ... decirle a *Google* que tu contenido sea indexado.

b. ... decirle a *Google* que tu contenido no sea indexado.

c. ... decirle a *Google* si quieres o no que tu contenido sea indexado.

d. Todas las opciones son incorrectas.

El emprendedor como analista web: cómo diseñar una web y medir el tráfico con *Google Analytics*

Contenido

1. Introducción
2. Diseño y usabilidad de la página web del nuevo negocio *online*
3. Gestión de blog corporativo
4. *Marketing* 3.0
5. Resumen

Objetivos

El objetivo general de esta Unidad de Aprendizaje es:

→ Abordar los conocimientos necesarios para llevar a la práctica, como emprendedor de un negocio con presencia online, los análisis necesarios para valorar las respuestas de los usuarios a la propuesta empresarial, además de adquirir conocimientos de gestión en el diseño del sitio web del negocio.

Los objetivos específicos de esta unidad de aprendizaje son:

→ Entender cómo funciona la obtención de un dominio apropiado para una web.
→ Conocer proveedores cualificados para el diseño de una página web corporativa o profesional.
→ Saber identificar *plugins* que ayuden a optimizar el rendimiento de una web de nueva creación.
→ Identificar herramientas que promuevan el *Inbound Marketing*.
→ Enumerar los beneficios que reporta una comunidad 3.0 al entorno del negocio como una fuente de obtención de tráfico cualificado.
→ Describir la esencia de una empresa con ADN social.
→ Conocer el funcionamiento de *Facebook Ads* como estrategia de *marketing* dinámica 3.0.

1. Introducción

Actualmente la tecnología revoluciona el mundo *online* hasta tal punto que todos los negocios, y en especial los de nueva creación, requieren de herramientas basadas en la **tecnología de la información,** capaces de ofrecer una **visión global** y estratégica de su propuesta, en un **mercado** cada vez más **competitivo.**

Esta revolución indica la necesidad de que el emprendedor realice un esfuerzo en adquirir unos conocimientos básicos en el **análisis** constante de su **iniciativa empresarial.**

En este sentido, esta unidad abordará cómo **diseñar** una **web** y **medir el tráfico** con *Google Analytics* desde la perspectiva del emprendedor como analista, de tal manera que se adquieran los conocimientos necesarios para entender y comprender con este análisis el **comportamiento del mercado digital y el tráfico** que generan los usuarios cuando visitan los sitios web.

Para ello nos seguiremos basando en el caso de Sonia, una chica que recientemente, y tras un fracaso laboral, decide reinventarse y enfocar su esfuerzo profesional a la enseñanza como docente *online* y que, tras profundizar en aspectos relacionados con el posicionamiento web y las oportunidades que le ofrece internet, decide mejorar y poner en marcha una nueva página web de formación *online.*

2. Diseño y usabilidad de la página web del nuevo negocio *online*

☞ **HILO CONDUCTOR**

Sonia ahora está completamente convencida de que, para contar con la adecuada presencia *online* que requiere su negocio, tendrá que contemplar elementos anteriormente desatendidos. En un inicio, Sonia diseñó una web poco práctica y efectiva, basada más en aspectos visuales que los requeridos por una estructura de negocio *online* que deberá soportar teleformación, plataforma de pago, aplicaciones y *software*, entre otras importantes cuestiones. Es por ello por lo que precisa de los consejos de un especialista en la materia y ha contratado los servicios de Marta, una consultora de *marketing* digital que además da formación *online.*

Para comenzar con el planeamiento de tu página web, tendrás que orientar tus esfuerzos en cubrir dos objetivos fundamentales:

2.1. Diseño

El **diseño de una web inspira** al usuario, mientras que la **usabilidad** lo **emocionará**.

Para que puedas comprender mejor estos conceptos y tu web pueda integrarlos, conocerás ahora la diferencia entre ambos términos.

DEFINICIÓN

Diseño de una web
Es la ejecución de la estructura de un sitio web, que engloba una planificación de la página *online*, acorde a la temática y a los contenidos dirigidos a un público objetivo culminando en un entorno virtual de agrado para los usuarios.

Algunas de las características de diseño web que están siendo tendencia en los últimos tiempos son las siguientes:

- ● **Diseño minimalista:** enfocado en la simplicidad y la limpieza, con un enfoque en elementos clave y menos decoración innecesaria.
- ● **Diseño multiplataforma:** es fundamental que los sitios web se vean bien y sean funcionales en una variedad de dispositivos y tamaños de pantalla, desde ordenadores de escritorio y portátiles hasta dispositivos móviles.

⮩ **Microinteracciones:** pequeñas animaciones o respuestas visuales que mejoran la experiencia del usuario, como botones que cambian de color al pasar el cursor sobre ellos.

⮩ **Tipografía audaz:** el uso de fuentes grandes y llamativas para destacar texto importante y mejorar la legibilidad.

⮩ **Colores vibrantes y gradientes:** el uso de colores audaces y degradados para agregar profundidad visual y atractivo a los diseños.

⮩ **Imágenes grandes y videos de fondo:** el uso de medios visuales impactantes para captar la atención del usuario y transmitir información de manera rápida y efectiva.

El diseño, por tanto, es la puerta que da entrada e invita al usuario a acceder a un mundo de experiencias. Sin embargo, el término de **usabilidad** es un concepto mucho más profundo.

 DEFINICIÓN

Usabilidad
Engloba los atributos de funcionalidad y eficiencia; virtudes de una página web que hace que el usuario permanezca en esta tanto por su fácil uso como por las emociones que despierta al navegar por ella, haciendo de ella una experiencia grata y emocionante para el usuario.

2.2. Usabilidad

La usabilidad hace referencia a cuánto de fácil y eficiente es de usar un sitio web desde la perspectiva del usuario. Incluye aspectos como:

⮩ la navegación intuitiva;
⮩ la claridad en la presentación de la información;
⮩ la rapidez de carga, y;
⮩ la capacidad de encontrar lo que se busca sin dificultad.

Para explicarlo de manera práctica, imagina dos sitios web de comercio electrónico que venden productos similares. Uno sigue las tendencias de diseño mencionadas anteriormente:

- tiene un diseño minimalista;
- es adaptable a diferentes tipos de pantalla;
- utiliza microinteracciones para guiar al usuario;
- tiene una tipografía audaz, colores vibrantes y grandes imágenes de productos.

El otro sitio web tiene un diseño más antiguo, con muchas distracciones visuales, una navegación confusa y tiempos de carga lentos. Aunque ambos sitios pueden tener productos de calidad similar, el primero será mucho más "usable" para la mayoría de las personas usuarias. Será más fácil para estos usuarios encontrar lo que están buscando, completar el ciclo de compra y disfrutar de una experiencia general más agradable.

IMPORTANTE

Mientras que las tendencias en diseño web pueden cambiar con el tiempo, la usabilidad siempre será un aspecto fundamental para garantizar que los sitios web sean efectivos y satisfactorios para los usuarios.

Arquitectura de la página web

Una vez comprendida la materia prima sobre la que descansará tu negocio *online,* iniciarás la arquitectura del diseño de la web. La idea es que tu negocio de nueva creación cumpla sin excusas con los ingredientes necesarios para encaminarlo al éxito en la Web.

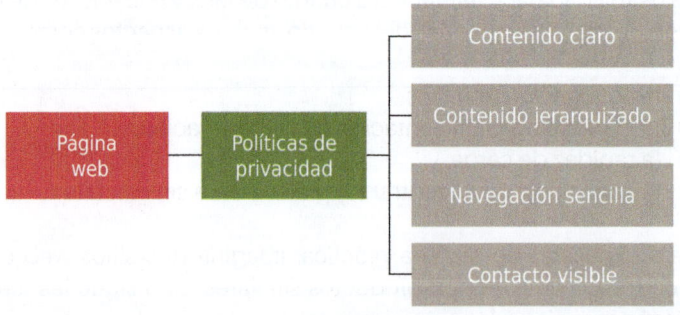

➲ **Políticas de privacidad.** La presencia de un negocio en el ecosistema digital es esencial en el mercado actual, por lo que contar con un sitio web y emplear el comercio electrónico en las actividades empresariales es fundamental. La Ley de Servicios de la Sociedad de la Información (LSSI) establece la obligación de incluir un aviso legal, una política de privacidad y de *cookies,* así como los términos y condiciones de contratación del comercio electrónico en una página web.

Las **cookies** son una pequeña advertencia enviada por un sitio web que, una vez aceptadas por el usuario, este da permiso para que el sitio web pueda consultar su actividad por el navegador donde han quedado almacenadas las *cookies.*

La **ley de** *cookies* es una normativa que regula la instalación y el uso de cookies en las páginas web y aplicaciones móviles. En enero de 2023, se introdujeron cambios significativos en la ley, que han entrado en vigor el 11 de enero de 2024 y que afectan al tratamiento de datos *online.*

Como señala Peñalva (2023), es fundamental para los negocios digitales contar con los documentos legales adecuados para proteger sus intereses y cumplir con las regulaciones pertinentes. Entre estos documentos están:

◑ El aviso legal en una página web
◑ La política de privacidad
◑ Políticas de *cookies*
◑ Términos y condiciones de contratación en compras online

Por el impacto de las tecnologías en el sector empresarial y por la democratización de Internet en la Sociedad, el actual Reglamento Europeo de Protección de Datos, se ha visto recientemente reforzado con la nueva Ley de Protección de Datos y Garantía de Derechos Digitales (LOPDGDD). Dos normativas que conviven para asegurar la protección de datos de carácter personal.

➲ **Contenido claro.** El contenido de una web debe ser claro y cumplir con las expectativas del público objetivo al que va dirigido.
➲ **Contenido jerarquizado.** Un contenido jerarquizado es aquel que define mejor el concepto de **usabilidad.** Esto quiere decir que el contenido debe invitar a seguir profundizando en él.
➲ **Navegación sencilla.** Si la navegación por tu sitio web es compleja para el navegante, es muy posible que este abandone el mismo antes de profundizar en el contenido.
➲ **Contacto visible.** En todo momento y en todas las páginas del sitio web, debe existir un acceso fácil para que el usuario, en caso de estar interesado, pueda contactar con la empresa sin problema.

Estructura del contenido

Ahora, y antes de continuar con aspectos algo más técnicos, te detendrás en conocer un poco más sobre la **estructura del contenido jerarquizado** que contemplará tu nueva web de negocio. Para ello imaginarás una carta de servicios que ofrecerá tu sitio web.

Piensa que todo el contenido jerarquizado, independientemente del tipo de negocio que desees poner en marcha, tendrá que cumplir con dos pautas bien definidas:

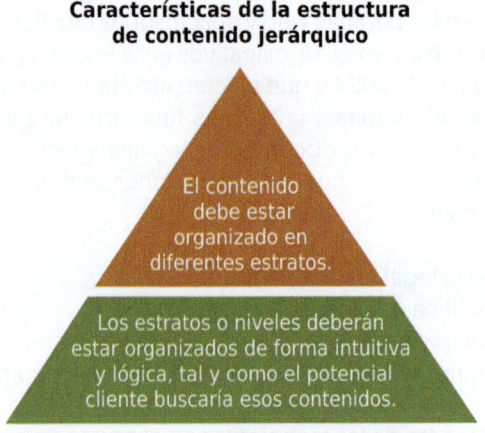

Características de la estructura de contenido jerárquico

El contenido debe estar organizado en diferentes estratos.

Los estratos o niveles deberán estar organizados de forma intuitiva y lógica, tal y como el potencial cliente buscaría esos contenidos.

En el siguiente ejemplo verás un esquema de cómo quedaría jerarquizado un contenido web de un negocio de agencia de viajes:

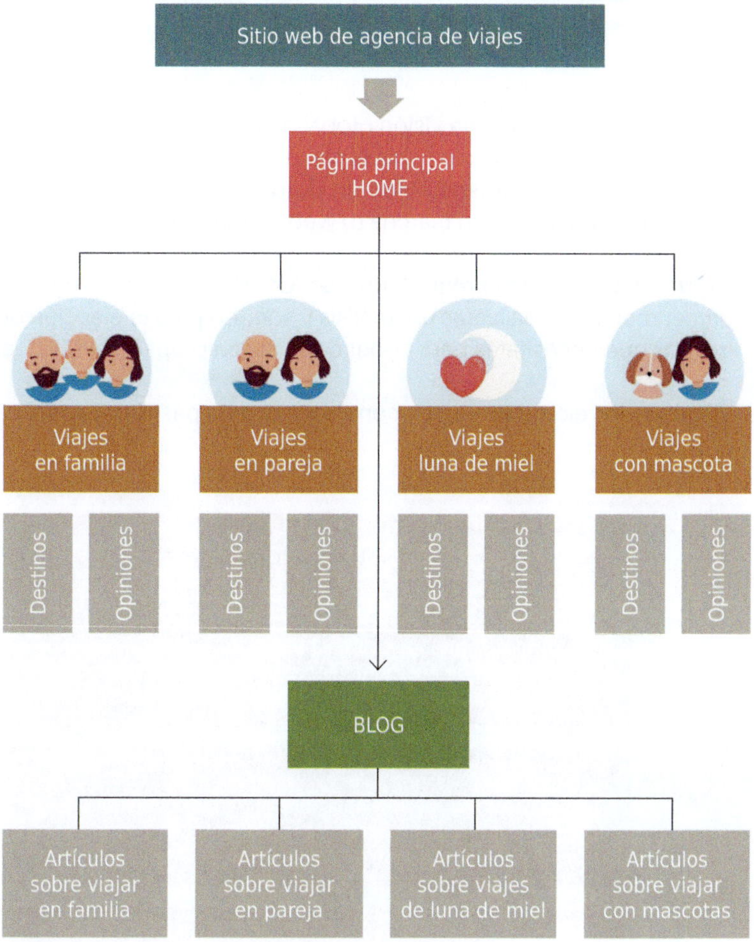

```
                 Sitio web de agencia de viajes

                        Página principal
                            HOME

    ┌──────────────┬──────────────┬──────────────┐

    Viajes          Viajes          Viajes          Viajes
    en familia      en pareja       luna de miel    con mascota

  Destinos Opiniones  Destinos Opiniones  Destinos Opiniones  Destinos Opiniones

                            BLOG

    ┌──────────────┬──────────────┬──────────────┐

    Artículos       Artículos       Artículos       Artículos
    sobre viajar    sobre viajar    sobre viajes    sobre viajar
    en familia      en pareja       de luna de miel con mascotas
```

ACTIVIDAD COMPLEMENTARIA

4. Ya tienes en tu mente una idea de negocio *online* que has ido madurando durante un tiempo. Ahora te toca instrumentalizarla mediante una web en la que tendrás que establecer, en primer lugar, una estructura jerárquica del contenido que englobará dicha página. Realiza en un documento *Word* un esquema parecido al mostrado anteriormente, en donde quede estructurado un contenido según la temática de tu idea emprendedora.

2.3. Pasos previos al diseño web: dominio, *hosting*, etc.

Una vez has obtenido una visión global de cómo organizar el contenido de tu web, iniciarás el trayecto hacia el diseño de tu página dando los primeros pasos relativos a la obtención de un **dominio,** el ***hosting*** y otros aspectos necesarios para poner en marcha tu web de negocio.

Seguro que te estarás preguntando por dónde comenzar. Pues bien, en un primer momento realizarás un análisis y sondeo para la elección de los elementos que necesitarás para poder comenzar a preparar el sitio web.

Estos son los elementos a tener en cuenta como pasos previos al diseño de tu web:

Dominio
- El **dominio** es la denominación única y exclusiva de un sitio web. Tiene asignado una **dirección IP;** gracias a ella es posible encontrar la página en internet, aunque como ya has visto, necesitarás técnicas de posicionamiento para que el sitio sea lo suficientemente visible para los usuarios.

Hosting
- El ***hosting,*** por otra parte, es el lugar donde queda recogida la web; por tanto, el dominio y el *hosting* son elementos que van de la mano.

Servidor
- En otro sentido, pero igual de importante, está el llamado **servidor.** El servidor puede ser un equipo informático o bien una zona virtual en donde se localiza el área de alojamiento. Todo dominio dirige a un servidor que facilitará la comunicación entre diferentes dominios gracias a la dirección IP de cada uno de ellos.

 PARA SABER MÁS

Consulta el siguiente enlace para conocer qué es una dirección IP y cómo puedes saber la tuya:

Continúa en página siguiente >>

<< Viene de página anterior

https://redirectoronline.com/comm061po0202

Dominio

Como ya pudiste ver, el dominio en internet se asemeja a la dirección física de un lugar. Cada dirección de internet tendrá información específica que indicará, entre otras cosas, en qué parte del mundo está alojado dicho sitio web.

Pero, para que tu empresa pueda disponer de un dominio, necesitarás en primer lugar elegir uno entre muchos tipos de dominios y, posteriormente, registrarlo como el sitio web de tu negocio.

A continuación te recordaremos algunos de los **dominios** que existen y, además, te daremos algún que otro consejo para que tu elección sea la más acertada:

En los últimos años, han surgido varios nuevos tipos de dominios de nivel superior (TLD). Estos ofrecen oportunidades para crear negocios online o sitios web con nombres de dominio más específicos que ayudan a ser recordados por los usuarios de la Web.

- **.io:** originalmente destinado para empresas de tecnología y *startups.* El dominio .io ha ganado popularidad debido a su asociación con términos como "input/output" y su connotación de innovación y creatividad.
- **.app:** ideal para aplicaciones móviles y servicios relacionados con la informática, este dominio es una opción muy popular entre desarrolladores de programas informáticos y empresas que ofrecen *software.*
- **.shop:** diseñado específicamente para sitios web de comercio electrónico y tiendas *online*, este TLD es perfecto para empresas que desean destacar su presencia en el mercado digital.
- **.blog:** adecuado para *bloggers* y creadores de contenido. Este dominio es una excelente opción para aquellas personas que desean establecer una plataforma digital para compartir sus ideas y reflexiones o para tratar temas específicos de interés.
- **.tech:** dirigido a empresas y proyectos relacionados con la tecnología. Este TLD es ideal para *startups,* desarrolladores y empresas de servicios tecnológicos.
- **.online:** ampliamente utilizado por una variedad de negocios y proyectos *online.* Este dominio es versátil y puede adaptarse a una variedad de nichos y aplicaciones.
- **.store:** similar a .shop, este dominio es ideal para empresas que operan tiendas online y desean resaltar su naturaleza comercial.
- **.co:** aunque no es nuevo, el dominio .co ha ganado popularidad como una alternativa al .com, especialmente para nuevas empresas y proyectos innovadores.

 **NOTA**

Estos son solo algunos ejemplos de los nuevos dominios que están disponibles en el mercado. Cada uno de ellos ofrece una oportunidad única para crear una identidad digital en el ecosistema *online* distintiva y relevante para diferentes tipos de negocios y proyectos web.

Como recordarás, la elección del dominio dependerá de la categoría de tu negocio. No obstante, el más utilizado para cuestiones comerciales es el dominio **.com**.

Hablar de un negocio no implica obligatoriamente tener una empresa; puede que ofrezcas servicios profesionales y, en este caso, será tu propia marca personal la que debas impulsar. De cualquier modo, debes cuestionarte cómo te buscarían tus posibles clientes por internet. **¿Buscarían profesionales o empresas?**

Esta es la primera cuestión que tendrás que resolver.

 CONSEJO

Para ayudarte a decidir, te indicamos por ejemplo que existen profesiones cuya imagen profesional es importante y la opción indicada sería página web profesional individual personalizada, también web tipo blog. Aquí tienes una relación de trabajos que pueden encajar mejor con una web personal que de empresas: *coach*, abogado/a, psicólogo/a, etc.

Si, por el contrario, se trata de un comercio o tienda *online*, la opción correcta sería web de empresa o web corporativa.

Sin embargo, esta primera cuestión no será la que más tiempo te requerirá inicialmente. Una vez seleccionado el tipo de dominio y el tipo de página que utilizarás, dedicarás mucha atención en la elección del nombre que defina lo mejor posible tu actividad, y siempre antes de adquirir tu dominio donde tendrás obligatoriamente que comprobar que el elegido no tiene dueño.

¿Qué nombre le pondrás a tu dominio?

Para poder ayudarte a tomar esta importante decisión, ten en cuenta estas tres cuestiones:

1. Intenta que el nombre puedan recordarlo fácilmente los usuarios.

2. Trata que el nombre que elijas para tu negocio aporte valor al público al que te orientas.

Continúa en página siguiente >>

<< Viene de página anterior

> **3.** Por último, y para elegir entre la opciones surgidas, quédate con el más corto.

 **NOTA**

Aunque parece una cuestión sencilla, elegir el nombre del dominio requiere un tiempo de dedicación.

Aun teniendo en cuenta los consejos anteriores, el nombre del dominio variará si se trata de un negocio o una actividad profesional.

Fíjate a continuación en las siguientes opciones:

Opciones para basar el nombre del dominio de un negocio

En el caso de que decidieras optar como mejor opción por una web profesional, el dominio podría contener:

Opciones para basar el nombre del dominio de un profesional

Elección de un nombre de dominio con el hombre del profesional de la actividad comercial.
www.carlaperez.com

Recurrir al nombre del profesional y a la palabra clave que defina la actividad.
www.carlaperezestetica.com

 **IMPORTANTE**

Es importante que tengas en cuenta que, una vez elegido este dominio, te será dificultoso modificar el mismo si cambias de profesión y quieres mantener posicionamiento web conseguido.

Registrar el dominio es una acción que reportará, sin duda alguna, una imagen profesional a tu marca, tu actividad o negocio. Además, servirá para contar con una mayor presencia en internet.

Ya has decidido el tipo de web y el nombre de tu dominio. El siguiente paso es comprobar si este dominio está libre para poder hacer uso de él, **¿quieres saber cómo hacerlo?**

 **NOTA**

Tu sitio web dispondrá de un nombre exclusivo en internet gracias al dominio elegido.

Cómo no, internet ofrece sitios web como *Namecheap* donde podrás comprobar si el nombre elegido para tu dominio está disponible. Accede a su página web a través del siguiente enlace:

https://redirectoronline.com/comm06po0203

En la siguiente imagen verás un resultado de búsqueda para el dominio "mipanda.com". Fíjate en el mensaje de respuesta que da esta búsqueda:

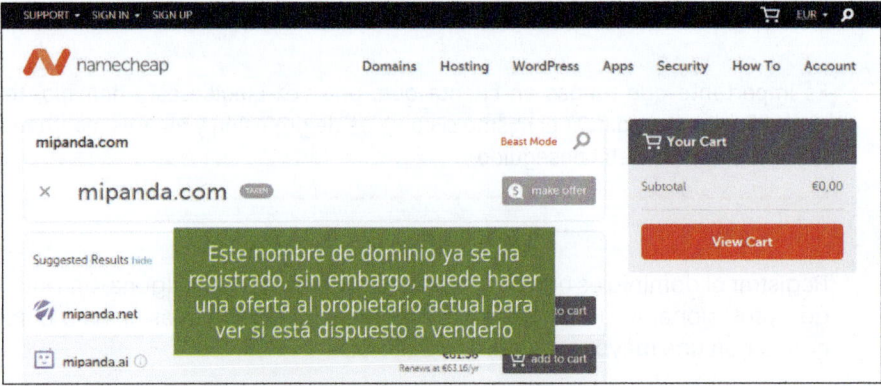

Resultado de búsqueda de dominio libre con Namecheap

Como recordarás, el organismo que controla internacionalmente los dominios es ICANN (Corporación de Internet para la Asignación de Nombres y Números). Sin embargo, desde su página no es posible adquirir un dominio, sino que tendrás que dirigirte a cualquier sitio web de registro de dominio y que, por supuesto, esté acreditada por ICANN.

Accede a su página web a través del siguiente enlace:

https://redirectoronline.com/comm061po0240

La organización sin ánimo de lucro ICANN permite una búsqueda de registradores de dominios:

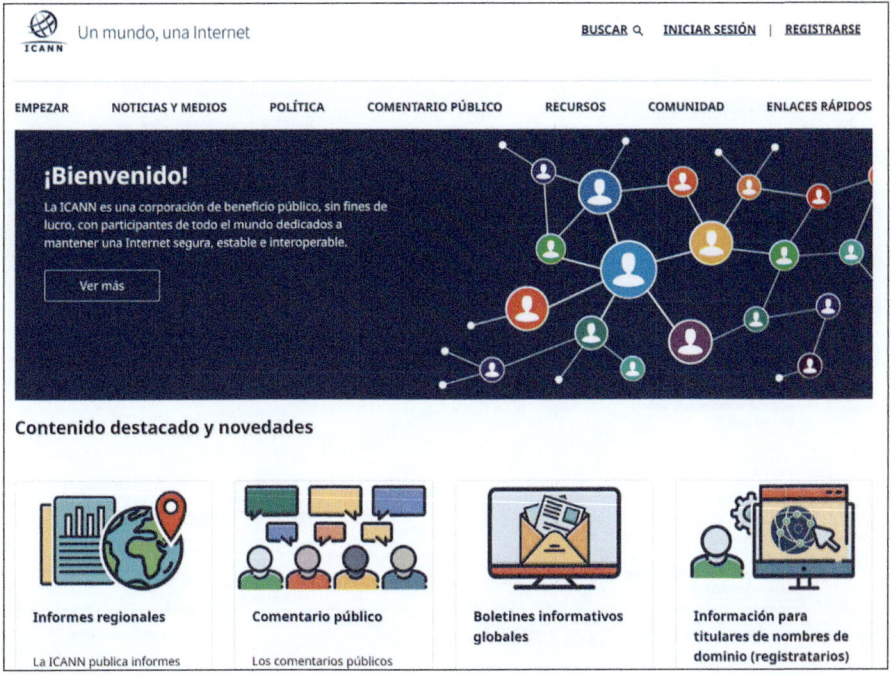

Sitio web de ICAN

 **NOTA**

El rol del operador de registro dentro del ecosistema de internet es mantener la base de datos maestra de todos los nombres de dominio registrados en cada dominio de alto nivel (TLD), así como generar el "archivo de zona" que permite a las computadoras encaminar el tráfico de internet hacia y desde los TLD, en cualquier lugar el mundo (ICANN, 2018).

ICANN ofrece la oportunidad en su web de realizar la búsqueda de registradores de dominios por países. En la siguiente imagen tienes algunas de las empresas españolas de registro. Cualquiera de ellas podrá ofrecerte el servicio que necesitas con total garantía:

Registradores en España acreditados por ICANN

Indistintamente del lugar desde donde procedas a obtener tu dominio, en cualquier caso deberás realizar los pasos que a continuación te indicamos:

- **Comprobar que el dominio esté libre.** Sea cual sea la entidad registradora con la que vayas a contratar los servicios del dominio de tu web, te obligará como paso previo que compruebes si el nombre del dominio elegido está disponible para adquirirlo. El método de comprobación es muy sencillo, basta con escribir en el navegador proporcionado de la empresa registradora el nombre seleccionado. En breve, la página dará la respuesta, indicándote la disponibilidad o no del mismo. En cualquier caso, siempre ofrecen una relación de alternativas a tu propuesta inicial.
- **Seleccionar la duración de permanencia del dominio.** En el siguiente paso y una vez tengas confirmación de la disponibilidad del dominio seleccionado, tendrás que indicar por cuánto tiempo (años) registrarás el dominio. En este sentido, puedes renovarlo cada año o bien decidir contratarlo por un número de años mayor. Una vez confirmado el tiempo, te registrarás en el sitio web del registrador de dominios, especificando todos tus datos con la mayor precisión posible; recuerda que, para cualquier incidencia o gestión, precisarás que la entidad disponga de tus datos correctos.

- **Valorar servicios adicionales.** Como podrás observar, la empresa registradora en este punto te ofrecerá una serie de servicios complementarios como pueden ser alojamiento web, diseño de página web, correo corporativo, etc. Este aspecto dependerá de tu gestión; no obstante, consulta alternativas en otros espacios virtuales, de ninguna manera estarás obligado a contratar todos los servicios con una misma entidad.
- **Alta del registro.** En este paso terminarás de efectuar el registro de la compra del dominio, y añadirás toda la información que se te requiera.
- **Proceder al pago del dominio.** Por último, facilitarás los datos bancarios para realizar el cobro a través de la plataforma de pago que disponga la web. Desde ese momento, ya has registrado tu dominio.

 CONSEJO

Puede darse el caso de que tu idea emprendedora aún no haya tomado la forma definitiva; si este es el caso, ten en cuenta que más tarde o más temprano necesitarás, entre otras cosas, tu propio dominio, por lo que podrías reservar un dominio que te haya podido resultar interesante y que esté libre, con idea de que nadie se apropie de él.

No obstante, existen situaciones que pudieran darse en relación a los dominios. Estas son algunas de las más habituales:

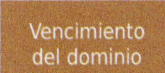

El **vencimiento del dominio** es una circunstancia que la entidad registradora tratará de prevenir con continuos correos electrónicos dirigidos al propietario del dominio con el fin de que esté informado a tiempo para que este tome las medidas pertinentes.

Normalmente la renovación del periodo del registro del dominio es automática, pero si no lo has decidido así o bien el cargo correspondiente al pago del periodo no ha sido efectuado, se suele estipular un periodo de tiempo para regularizar la situación; incluso transcurrido este periodo, se deja inactivo el dominio durante otro plazo de tiempo estipulado en el contrato, para que, en caso de normalización del pago, se pueda volver a reactivar.

De lo contrario, perderás el dominio con todas las consecuencias que esto puede generar para un negocio que haya invertido en tiempo y dinero en posicionamiento web.

Por otra parte, puede darse el caso de que el cliente (propietario del dominio) decida **transferirlo** a otra empresa de registro.

Esta circunstancia puede deberse a que el usuario del dominio ha encontrado otra empresa que oferta precios mucho más económicos.

En este caso, la operación de traslado es muy sencilla:

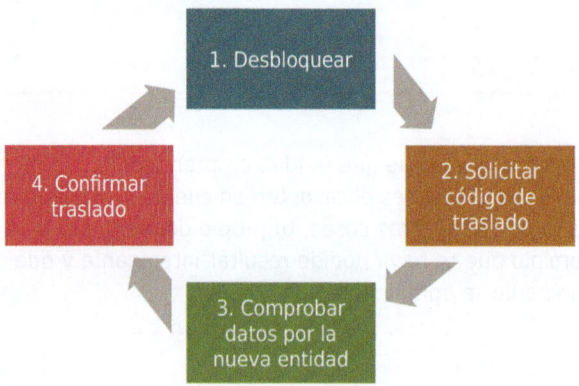

1. **Desbloquear.** En primer lugar, y desde tu dominio, tendrás que ir a la administración del mismo para proceder al desbloqueo; de esta manera, facilitas que otra empresa de registro pueda realizar la transferencia.
2. **Solicitar código de traslado.** En segundo lugar, y desde la administración de tu dominio, accede al lugar donde se indica "Código de transferencia"; ahí se te facilitará una contraseña mediante un código que te la pedirán en el nuevo sitio web de registros.
3. **Comprobar datos por la nueva entidad.** En el tercer paso, la nueva empresa de registro accederá a tu información. Para ello previamente tendrás que haber deshabilitado los datos de privacidad; sin este requisito, no podrán acceder a tu información.
4. **Confirmar traslado.** En el cuarto y último paso confirmarás el traslado verificando el correo recibido en tu bandeja de entrada.
   Este proceso de transferencia, una vez concluidos los pasos descritos, puede demorarse algo en el tiempo, pero no superará más de la semana para que tu dominio esté en otra entidad.

En ocasiones, decidir el nombre de tu dominio puede llevarte más tiempo de lo que piensas. Si te corre prisa crear tu web, siempre tienes la opción de elegir un dominio gratuito de los que ofrecen los editores web y, posteriormente, adquirir el nombre del dominio definitivo.

Si seleccionas esta opción, el **subdominio** del nombre de tu dominio será wordpress.com y en cualquier momento podrás modificarlo cuando te decidas a adquirir tu propio dominio.

 **DEFINICIÓN**

Subdominio
Sitio web que está enlazado a una web principal.

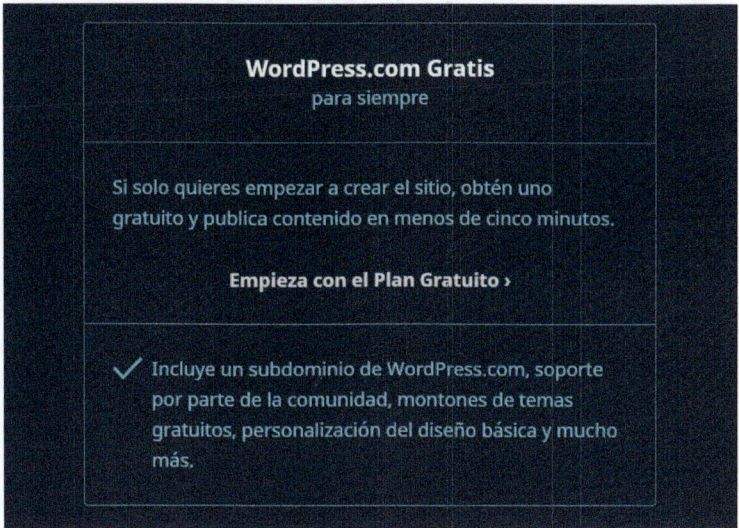

Imagen del sitio web de WordPress

Hosting

Lo siguiente que tendrás que hacer es contratar los servicios de alojamiento para la web. Tal y como te hemos indicado anteriormente, este servicio denominado *hosting* es el lugar donde quedará hospedada tu web, así que, tanto el dominio que has creado como el alojamiento web, son dos conceptos que van de la mano.

Como podrás comprobar en cualquiera de las entidades de registro de dominio, estas ofrecen servicios adicionales como el *hosting,* aunque no existe obligación ninguna de contratarlo todo con la misma empresa, sino que dependerá de tu decisión esta alternativa o cualquier otra. Lo importante es que una web requiere de un *hosting* en donde, además, podrás tener alojado tu correo electrónico corporativo.

 **VÍDEO**

El siguiente vídeo explica en qué consiste un *hosting* y por qué es necesario para alojar tu web:

https://redirectoronline.com/comm061po0204

2.4. Cómo elegir un proveedor para un diseño web a medida

Hay cuestiones que debes plantearte a la hora de decidir qué empresa será la encargada de suministrarte la **plataforma de diseño** para la web corporativa de tu negocio. Y es que, antes de tomar una decisión, no está de más conocer qué valores pueden ofrecerte de cara a necesidades futuras. No dejarte llevar por la primera impresión es lo más coherente que puedes hacer. Por este motivo, deberás tener en cuenta aspectos como:

> Un proveedor que ofrezca el diseño de un sitio web con servicios web de aplicaciones útiles para el negocio.

Continúa en página siguiente >>

<< *Viene de página anterior*

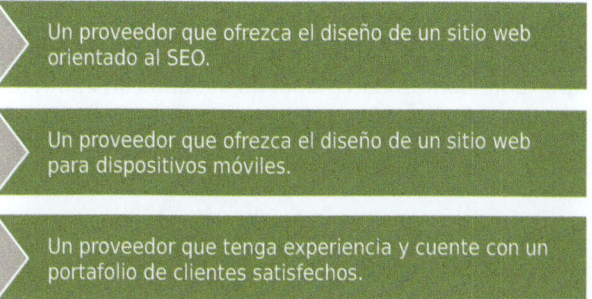

> Un proveedor que ofrezca el diseño de un sitio web orientado al SEO.

> Un proveedor que ofrezca el diseño de un sitio web para dispositivos móviles.

> Un proveedor que tenga experiencia y cuente con un portafolio de clientes satisfechos.

Si te animas a diseñar tú mismo la página web de tu negocio, a continuación te presentamos dos reconocidos proveedores disponibles en internet, desde donde podrás darle forma al sitio web de tu empresa.

Wix

Conocido editor de páginas web con plantillas profesionales y más de 250 aplicaciones listas para funcionar.

Imagen de WIX

Si quieres acceder a esta plataforma, accede al siguiente enlace:

https://redirectoronline.com/comm061po0205

WordPress

Otra muestra de una intuitiva plataforma de diseño web es *WordPress*. *Wor-dPress* es una de las plataformas de diseño web más conocidas. Cuenta con una importante comunidad global de usuarios en internet.

Imagen de Wordpress

Si quieres acceder a esta plataforma, accede al siguiente enlace:

https://redirectoronline.com/comm061po0206

2.5. Prácticos: aplicaciones de *software* disponibles

A continuación elegiremos el editor web *WordPress*. Con esta plataforma iniciarás los primeros pasos para el diseño de tu propia web de negocios.

Fíjate bien en los primeros pasos para emprender tu aventura digital.

Dirígete a la página web del editor *WordPress,* donde te aparecerá una imagen como la siguiente (solo tendrás que hacer clic en "Empieza Ahora").

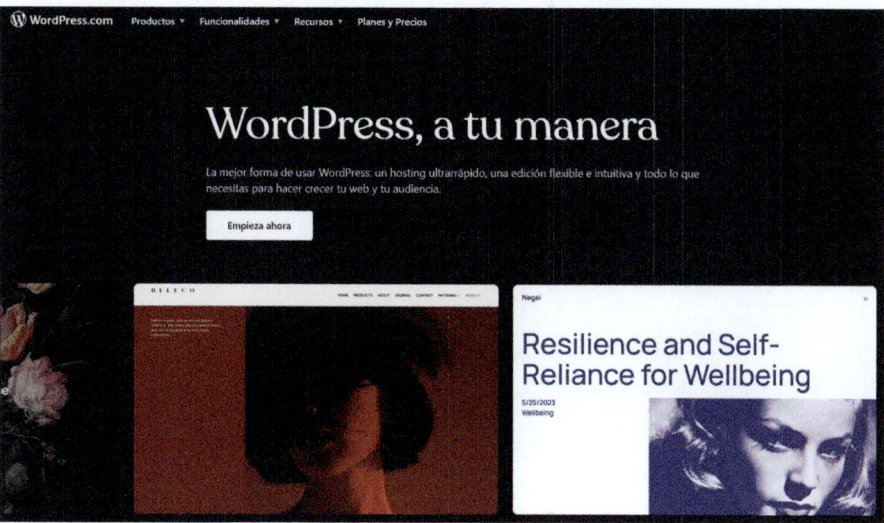

Ejemplo de edición de un sitio web con WordPress

Primer paso

Seguidamente, el editor te pedirá que respondas a algunas preguntas relacionadas con el sitio web que deseas crear; de esta manera, le aportarás información útil para que las siguientes propuestas estén orientadas a tus necesidades.

En este caso práctico se ha optado por crear una página web orientada a la formación *online*. Para ello se ha especificado el nombre elegido para el sitio "Las aventuras en línea de la escuela digital"; también se ha indicado de qué tratará la página web y los objetivos principales del sitio. En este último caso puedes indicar un objetivo o tantos como el sitio requiera. Además, deberás seleccionar tu nivel o experiencia en crear sitios web.

Ejemplo de edición de un sitio web con WordPress

Segundo paso

En el siguiente paso, tendrás la oportunidad de comprobar si el nombre del dominio elegido "aventurasenlinea.com" está libre para ser adquirido. Únicamente tendrás que introducirlo en el navegador que te aparece en la pantalla.

En este caso, tal como informa el editor, el dominio está libre para comprarlo; aun así, te propone otros nombres válidos teniendo en cuenta las palabras clave que has indicado, que son "aventuras en línea".

Para comenzar con el diseño, no hace falta adquirir el dominio, aunque es importante que recuerdes que puede ser adquirido por otro interesado en cualquier momento. En esta ocasión se ha seleccionado un dominio gratuito con subdominio de *WordPress,* y una vez finalizado el diseño, podrás realizar los pasos necesarios para adquirir el dominio que definitivamente te interese.

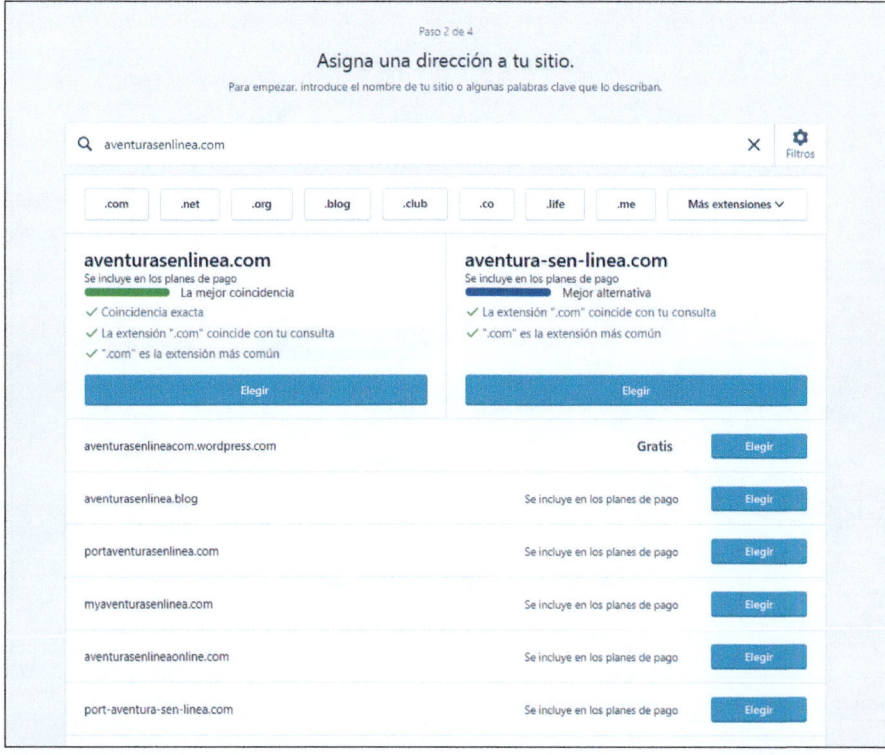

Ejemplo de edición de un sitio web con WordPress

Tercer paso

A continuación te aparecerá una pantalla para que selecciones el plan inicial con el que diseñarás la web. Aunque para el caso que te ocupa no es recomendable que utilices el plan gratuito, inicialmente será una buena opción para que aprendas a manejar las herramientas de creación web de *WordPress.*

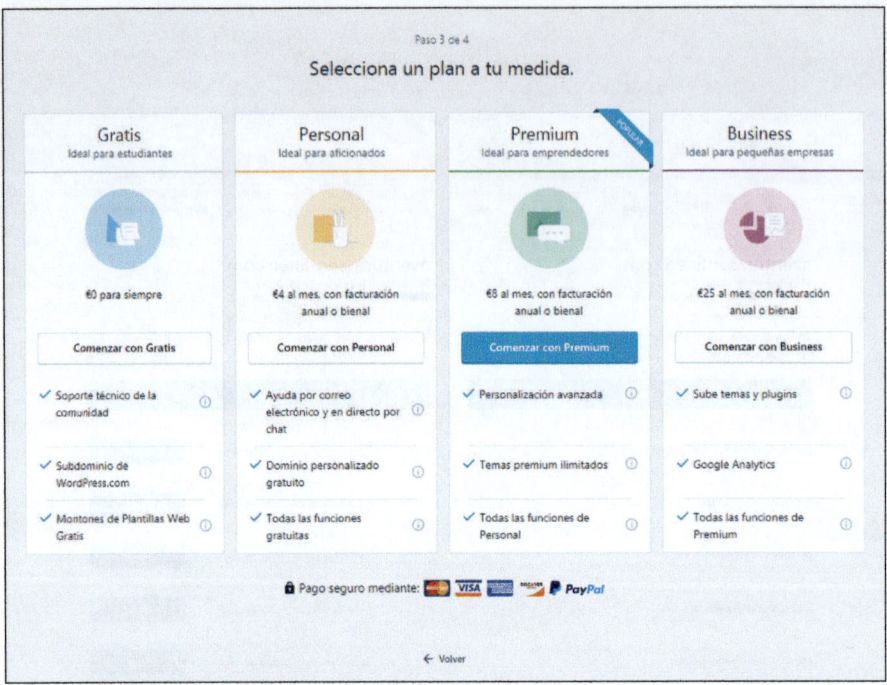

Ejemplo de edición de un sitio web con WordPress

Cuarto paso

En la siguiente pantalla tan solo tendrás que indicar la dirección de correo electrónico y un nombre de usuario y contraseña para acceder al entorno de diseño de tu web.

Ejemplo de edición de un sitio web con WordPress

Recibirás un *e-mail* en la dirección de correo electrónico indicada desde donde tendrás que verificar tus datos únicamente haciendo clic en "verificar".

¡Enhorabuena! Ya tienes creado tu sitio, ahora tendrás que familiarizarte con el menú de la izquierda de la imagen, desde donde podrás editar y diseñar el sitio web con un perfil muy profesional.

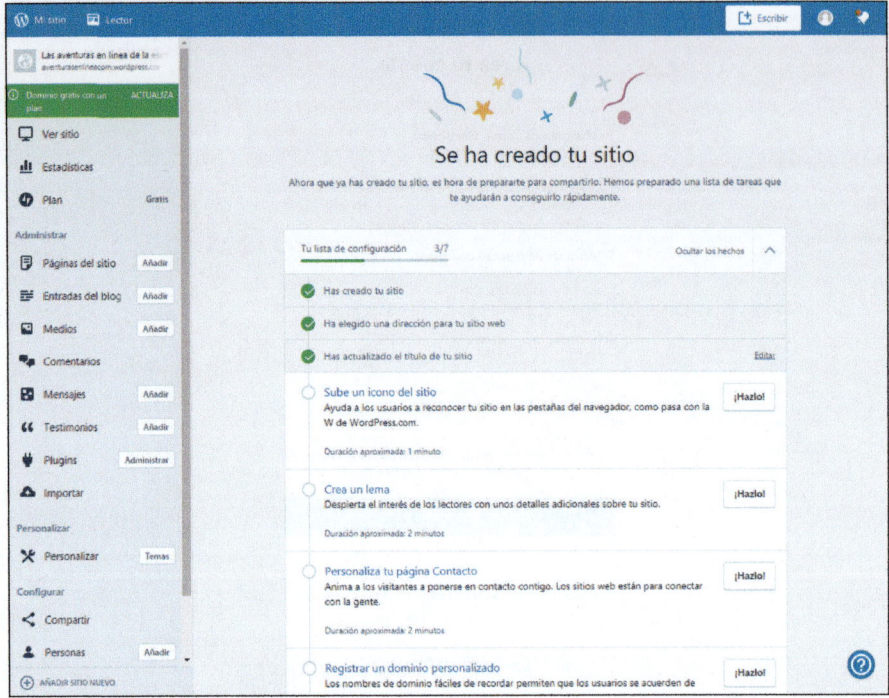

Ejemplo de edición de un sitio web con WordPress

Como ya te adelantábamos, una de las cuestiones que debes plantearte a la hora de seleccionar un editor para tu página web es que admita la posibilidad de incluir en ella aplicaciones orientadas a proporcionar un servicio práctico para tu web. Esto significa que no todos los negocios son iguales y su funcionalidad web dependerá prioritariamente de los *softwares* que se tenga o puedan ser incorporados.

 **RECUERDA**

No olvides que acceder a tu web debe ser una experiencia grata para el usuario, sencilla e intuitiva. Pero, además, tu página web debe contar con las herramientas de análisis adecuadas para optimizar al máximo el rendimiento en internet.

NOTA

Si una página *online* no ofrece recursos fáciles y seguros para el usuario, este probablemente abandonará el sitio web.

¿Cuáles son las aplicaciones más útiles y que no deben faltar en el sitio web de tu *startup*?

Como es lógico, todo dependerá del tipo de web que dispongas. No es lo mismo una web profesional donde pretendas difundir información a través de un blog y potenciar tu marca personal que una *e-Commerce* donde el objetivo principal es la venta de productos y servicios desde la propia página web.

Independientemente de toda cuestión, una web corporativa necesita medios para medir el ratio de conversión, tráfico web y todas aquellas técnicas de posicionamiento que deben servir para difundir de la mejor manera posible el contenido de tu web.

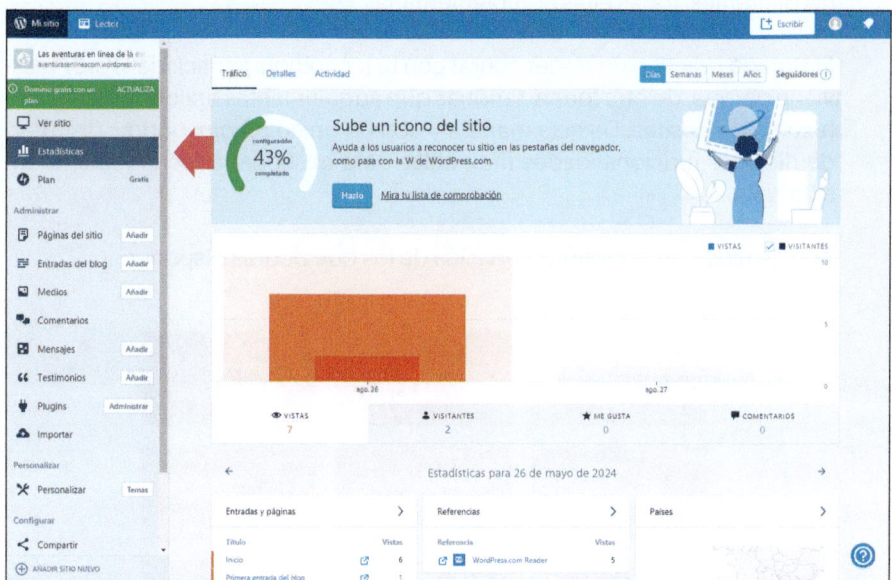

Ejemplo de edición de un sitio web con WordPress

Como habrás podido comprobar, algunos editores como *WordPress* tienen incorporada la posibilidad de realizar cierto análisis de visitas a tu recién estrenado sitio web.

En el caso anterior, es posible que accedas a un primer nivel de análisis de tu recién creada web porque el propio editor *WordPress* tiene incorporado un **plugin** que ofrece un servicio al usuario.

 **DEFINICIÓN**

Plugin
Aplicación complementaria a un *software* original existente, que le aporta una nueva característica ofreciendo un servicio añadido.

WordPress incorpora a todos los sitios web creados desde su plataforma un *plugin* con **tecnología jetpack.** Esta tecnología hace posible que el usuario que decida editar su propia página web o la de su negocio con este proveedor pueda mejorar el sitio con el empleo de una combinación de herramientas diferentes, todas ellas complementarias.

El sentido práctico de poder contar con la tecnología *jetpack* de *WordPress* viene porque, de otra forma, tendrías que adquirir tantas aplicaciones como recursos necesites. De esta manera y con un único *plugin,* podrás disfrutar de distintas funcionalidades muy útiles para gestionar adecuadamente tu sitio web.

Aquí te mostramos algunos servicios de los que podrás disponer:

Sin duda alguna, todas estas funcionalidades suponen para una empresa de nueva creación un verdadero ahorro de tiempo; además, podrás personalizar cada uno de estos servicios.

WordPress ha experimentado una evolución significativa en términos de facilitar la creación de sitios web de negocios para usuarios de todos los niveles en cuanto a habilidades y conocimientos técnicos. A lo largo de los años, se han introducido numerosas herramientas y características que hacen que el proceso de diseño, desarrollo y gestión de sitios web sea más accesible e intuitivo.

Temas y plantillas predefinidas
- *WordPress* ofrece una amplia variedad de temas y plantillas predefinidas que permiten a los usuarios crear sitios web atractivos sin necesidad de conocimientos avanzados de diseño web. Estos temas son totalmente personalizables y pueden adaptarse para satisfacer las necesidades específicas de cada negocio.

Constructores de páginas visuales
- La introducción de constructores de páginas visuales, como *Elementor, Beaver Builder* y *Divi*, ha simplificado en gran medida el proceso de diseño y construcción de páginas web en *WordPress*. Estas herramientas permiten a los usuarios crear diseños complejos de manera visual, arrastrando y soltando elementos en lugar de escribir código.

Contante integración de nuevos *plugins*
- *WordPress* cuenta con una amplia gama de *plugins* que ofrecen funcionalidades adicionales para sitios web de negocios, como formularios de contacto, tiendas *online*, optimización de SEO, integración de redes sociales y muchos *plugins* más que se van incorporando. Todo ello facilita la incorporación de características avanzadas sin la necesidad de conocimientos de programación.

En cuanto a la incorporación en *Wordpress* de tecnología disruptiva, actualmente cuenta con herramientas basadas en inteligencia artificial que han sido incorporadas en la plataforma.

Asistentes de diseño inteligente
- Algunos temas y constructores de páginas en *WordPress* utilizan inteligencia artificial para proporcionar sugerencias y recomendaciones de diseño basadas en las preferencias del usuario y las mejores prácticas de diseño web.

Optimización de SEO
- Se han desarrollado *plugins* de SEO que utilizan inteligencia artificial para analizar el contenido de un sitio web y proporcionar sugerencias para mejorar su visibilidad en los motores de búsqueda. Estas herramientas pueden ayudar a los usuarios a optimizar sus sitios web para obtener mejores resultados en términos de posicionamiento orgánico.

***Chatbots* y asistentes virtuales**
- Algunos *plugins* de *WordPress* permiten la integración de *chatbots* y asistentes virtuales impulsados por inteligencia artificial, que pueden interactuar con los visitantes del sitio web, responder preguntas frecuentes y brindar asistencia en tiempo real.

NOTA

WordPress ha evolucionado significativamente para hacer que la creación y gestión de sitios web de negocios sea un proceso totalmente accesible para cualquier usuario. La introducción de herramientas basadas en inteligencia artificial ha contribuido a hacer que todo el procedimiento de creación y diseño de un negocio digital sea aún mucho más intuitivo y eficiente.

2.6. Caso real: *Virtual Shop*

Como podrás haber ido comprobando con el paso del tiempo, la tecnología avanza tan rápido que los usuarios de internet se han hecho verdaderos expertos en innovación.

Cada vez más usuarios reclaman a voz en grito poder contar con nuevas experiencias que les permita vivir emociones diferentes. Para ello, demandan a los nuevos negocios que les provean de nuevas experiencias basadas en tecnología, capaces de despertar el interés en clientes ya sobreestimulados en un escenario económico de consumo desorbitado.

Una excelente opción es la de capacitar a tu negocio *online* de propuestas dirigidas a clientes, basadas en la **realidad virtual.**

La realidad virtual es una excelente manera de atraer a usuarios a tu negocio y que estos recuerden la experiencia favorablemente.

Si aún no te haces a la idea de cómo puede la realidad virtual beneficiar a tu empresa, en los siguientes ejemplos podrás ver una pequeña muestra de ello.

 EJEMPLO

La realidad virtual puede ser aplicada en cualquier sector empresarial. A continuación te mostramos tres ejemplos de realidad virtual aplicada en el sector hotelero, inmobiliario y automovilístico.

Continúa en página siguiente >>

<< Viene de página anterior

Ejemplo de realidad virtual aplicada al sector hotelero	Ejemplo de realidad virtual aplicada al sector inmobiliario

https://redirectoronline.com/comm061po0241   *https://redirectoronline.com/comm061po0242*

Ejemplo de realidad virtual en el sector de la automoción

https://redirectoronline.com/comm061po0209

Sin embargo, cualquier contenido web puede ser adaptado a poder ser visto a través de la realidad virtual, y será esto un elemento de enganche del cliente potencial; además, marcará la diferencia con la que será tu competencia.

Este magnífico recurso está a la mano de cualquier empresa, negocio o idea emprendedora, únicamente tienes que preguntarte qué quieres mostrar al mundo.

Ejemplo de realidad virtual para negocios de barrio (© Fotografía: Cardboard360 / cardboard360.es)

Aunque no dispongas de gafas de realidad virtual y no puedas disfrutar de la experiencia al 100 %, puedes acceder al salón de peluquería en el siguiente enlace:

https://redirectoronline.com/comm061po0210

2.7. Estructura del negocio *online: Backoffice* y *Frontoffice*

En el diseño de una página web de un negocio *online,* es muy importante que la apariencia visual del sitio sea atractiva y atrayente para el usuario.

En este escaparate virtual, debe poderse contemplar la esencia del negocio, cuya actividad estará basada en ofrecer soluciones a los potenciales clientes que navegan por internet.

Sin embargo, hay un aspecto fundamental a tener en cuenta que consistirá principalmente en la existencia de una coherencia incuestionable entre la cara visible del negocio *(Frontoffice)* y la maquinaria que hay detrás *(Backoffice),* vital para el funcionamiento del mismo.

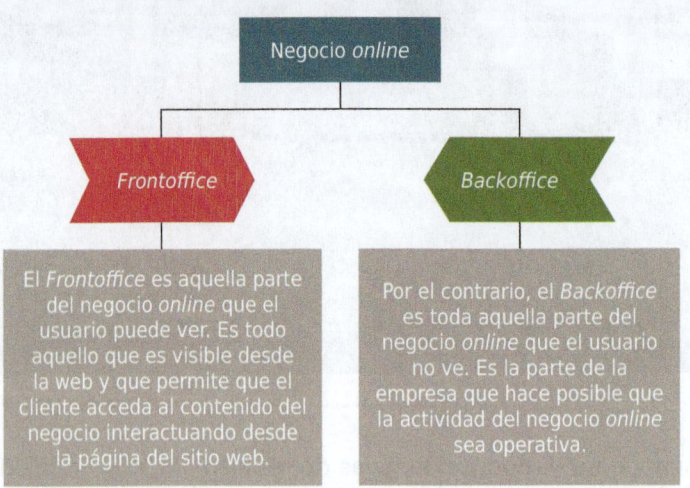

El **Frontoffice** debe expresar, a través de un diseño apropiado, la esencia del negocio, reforzando todos aquellos mensajes que sirvan no solo para despertar el interés en el usuario, sino suscitar las ganas de profundizar haciendo uso de:

Pero, además, con todo lo anterior, el usuario debe percibir que el negocio está vivo. Para ello, puedes utilizar como estrategia las siguientes medidas:

Publicaciones periódicas

Página actualizada

Nuevas ofertas limitadas

En cuanto a una adecuada infraestructura *Frontoffice* en tu comercio *online,* este deberá tener en cuenta aspectos relativos a:

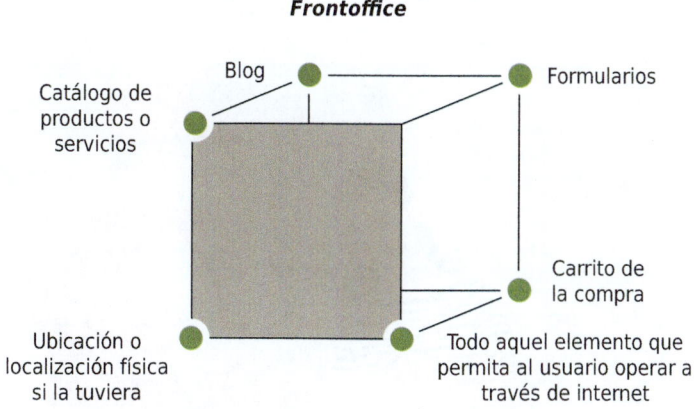

Frontoffice

Blog

Formularios

Catálogo de productos o servicios

Carrito de la compra

Ubicación o localización física si la tuviera

Todo aquel elemento que permita al usuario operar a través de internet

Por otra parte, con el *Backoffice,* se consigue gestionar todo aquello que se ofrece en el escaparate de tu negocio o tienda *online.*

El *Backoffice* es el sistema operativo de tu empresa en internet, por tanto, de él dependerá el buen funcionamiento del negocio.

Aunque tu cliente no puede ver la operativa interna del comercio *online,* sí es cierto que cualquier fallo que exista en esta área lo sufrirá irremediablemente.

¿Qué elementos debes tener en cuenta para contar con un *Backoffice* apropiado a la gestión *online* de un negocio?

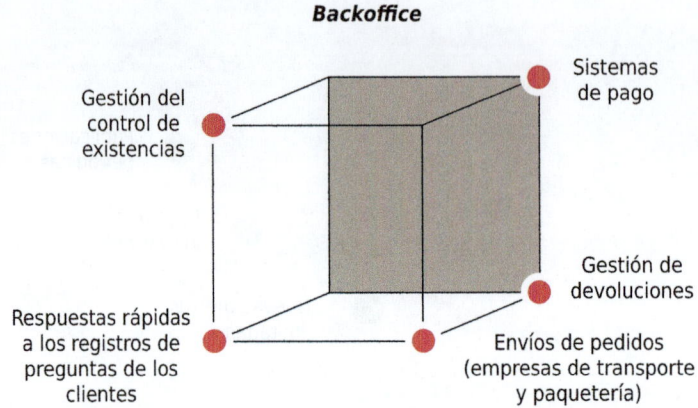

Una adecuada y organizada trastienda *(Backoffice)* se traducirá en un negocio *online* eficiente que ofrece una agradable experiencia al usuario.

La experiencia del usuario va más allá de la acción de compra en la web del comercio online.

En el mundo empresarial en constante evolución, las **tendencias en el backoffice y frontoffice** de los negocios en línea están experimentando cambios significativos para adaptarse a las demandas cambiantes de los consumidores y las tecnologías emergentes. Tanto el *backoffice,* que se refiere a las operaciones internas de una empresa, como el *frontoffice,* que se enfoca en la interacción directa con los clientes, están experimentando innovaciones que impulsan la eficiencia, la personalización y la experiencia del usuario.

Tendencias *Backoffice*

Automatización de procesos
- Las empresas están implementando cada vez más soluciones de automatización de procesos empresariales llamadas BPA, para agilizar las operaciones internas, reducir los errores humanos y mejorar la eficiencia. Esto contempla la automatización de tareas repetitivas, como son, el procesamiento de pedidos, la gestión de inventario y la contabilidad.

Integración de sistemas
- La integración de sistemas y plataformas internas se ha vuelto fundamental para garantizar una comunicación fluida entre diferentes departamentos y herramientas. Las soluciones de integración de sistemas permiten una colaboración más óptima y una toma de decisiones basada en datos.

Análisis de datos avanzados
- Las empresas están adoptando herramientas de análisis de datos avanzados para extraer información valiosa de grandes conjuntos de datos. Esto les permite identificar tendencias, predecir comportamientos del cliente y tomar decisiones estratégicas basadas en información.

Tendencias *Frontoffice*

Personalización del cliente
- La personalización se ha convertido en una prioridad para las empresas en línea, y esto se refleja en el *frontoffice* a través de la entrega de experiencias personalizadas a los clientes. Esto incluye recomendaciones de productos basadas en el historial de compras, mensajes personalizados y ofertas exclusivas.

Interacción omnicanal
- Los clientes esperan poder interactuar con las empresas a través de una variedad de canales, como sitios web, aplicaciones móviles, redes sociales, chat en vivo y más. Las empresas están integrando estos canales para brindar una experiencia omnicanal coherente y sin problemas.

Experiencia del usuario centrada en el diseño
- El diseño centrado en el usuario se ha convertido en una parte integral del *frontoffice*, con un enfoque en interfaces intuitivas, navegación simplificada y diseño receptivo para garantizar una experiencia del usuario excepcional en todos los dispositivos y plataformas.

2.8. Caso real: concepción de un negocio *online*

El negocio *online* ha sufrido una evolución importante a medida que los avances tecnológicos se han ido incorporando a la práctica comercial *online*. Además, las empresas y los profesionales son cada vez más conscientes de la necesidad de generar valor incorporando modelos de negocios basados en el *e-Business.*

MODELO DE NEGOCIO Y CREACIÓN DE VALOR EN *E-BUSINESS*

Eficiencia	Complementariedad	*Lock-in*	Novedad
Estructura del modelo de negocio			
- Mecanismo de cambio. - Velocidad de transacción. - Costes de negociación. - Costes de *marketing*, ventas, procesamiento de las transacciones, comunicación. - Acceso a gran cantidad de bienes, servicios, e información. - Coste de inventario de las empresas participantes. - Integración de demanda. - Integración de suministros. - Escalabilidad de las transacciones.	- Entre bienes y servicios ofrecidos. - Actividades de los participantes (integración de la cadena de suministro). - Combinación de las transacciones *online* y *offline*.	- Fiabilidad de las transacciones. - Afiliación a programas. - Externalidades directas de red. - Externalidades indirectas de red. - Seguridad en las transacciones. - Inversión de los participantes.	- Nuevos participantes. - Importante crecimiento número del número de participantes y/o bienes. - Nuevos enlaces entre participantes. - Mejora de la calidad y alcance de los enlaces. - Patentes sobre métodos de negocio. - Confianza sobre las transacciones comerciales y derechos de propiedad. - Primero en introducir el negocio.
Contenido del modelo de negocio			
- Información disponible como base para la toma de decisiones. - Reducción de las asimetrías de información, tanto en productos como en participantes. - Transparencia de las transacciones.	- Combinación *online* y *offline* de recursos y capacidades. - Acceso a bienes, servicios e información complementarios; desde la empresa, los socios y los clientes. - Bienes y servicios verticales. - Bienes y servicios horizontales. - Tecnologías de los participantes.	- Incremento de la confianza a través de terceros. - Uso de activos especializados *(software)*. - Diseño dominante. - Customización y/o personalización de los productos ofrecidos.	- Nuevas combinaciones de bienes, servicios e información.

Continúa en página siguiente >>

<< Viene de página anterior

MODELO DE NEGOCIO Y CREACIÓN DE VALOR EN *E-BUSINESS*

Gobierno del modelo de negocio		
- Incentivos para desarrollar recursos especializados. - Alianzas entre socios para mantener las capacidades.	- Programa de fidelización. - Seguridad en el flujo de información y control y procesos. - Control a los clientes por el uso de información personal.	- Nuevos incentivos (los clientes pueden crear contenido, etc.).

Representación de modelo de negocio y creación de valor en e-Business. Imagen obtenida de http://www.mincotur. gob.es/Publicaciones/Publicacionesperiodicas/EconomiaIndustrial/RevistaEconomiaIndustrial/364/213.pdf

Como podrás figurarte, el emprender *online* requiere de un conocimiento previo en la materia, pero además necesitará un esfuerzo constante por querer ofrecer a los usuarios un comercio *online* que se ajuste a las nuevas tendencias donde son ellos los principales protagonistas.

Un cliente vivirá una buena experiencia online cuando se sienta protagonista de la historia en la que ha decidido participar y en la que podrá comentar y compartir sus emociones.

 **PARA SABER MÁS**

Si quieres profundizar en la evolución de los modelos de negocios en internet y la situación actual de España de la economía digital, puedes acceder al siguiente informe:

**Modelos de negocio en internet.
Evolución en España**

https://redirectoronline.com/comm061po0211

Si llegado a este momento tienes claro que quieres ser un emprendedor *online,* no dejes de prestar atención a las siguientes acciones:

- **Cuenta con un presupuesto.** Aunque en apariencia es mucho más económico emprender *online,* esto no significa que no vayas a tener que realizar alguna inversión económica. Planificarse con antelación puede ser una gran decisión para poder hacer frente a gastos iniciales hasta que tu emprendimiento comience a generar ingresos.
- **Identifica tus fortalezas y debilidades.** Como toda puesta en acción, la decisión de emprender debe venir acompañada de una reflexión previa sobre las fortalezas con las que cuentas y que, sin duda, utilizarás para sobrellevar mejor las dificultades que se plantearán en el camino. Por otra parte, también es importante que te conozcas lo suficiente como para saber cuáles son tus debilidades como emprendedor y así establecer un plan complementario que te refuerce en tu propósito para no desistir a la primera.
- **Decide tu nicho de negocio.** Elegir tu nicho de negocio puede ser fácil si eres capaz de enfocar tu idea emprendedora hacia algo que sepas y te guste realizar. Da igual el enfoque del negocio *online;* puede venirte la inspiración si lo que te gustaría ser o aportar está dentro de tus pasiones.

Formúlate preguntas relacionadas con las actividades que te gusta hacer o qué cosas sabes hacer mejor que nadie; si te surgen dudas, consúltalo con tu entorno.

- **Analiza la oferta y la demanda.** Después de decidir qué quieres ofrecer en territorio *online,* procura reservar un tiempo a analizar a la competencia, pero fíjate en los mejores; cómo lo hacen y con quién se relacionan. Observa el público objetivo y utiliza herramientas web para identificar aquellas palabras clave más utilizadas por los usuarios para localizar negocios como el tuyo.
- **Presta atención a las tendencias.** Todo cambia y cada vez más rápido. Elige una fórmula de negocio flexible capaz de adaptarse a las nuevas tendencias que imponen los mercados. Partir de esta premisa te hará ganar tiempo y dinero y, lo que es mejor aún, te permitirá sobrevivir en una economía global digitalizada.
- **Observa a la competencia.** Como te decíamos anteriormente, la competencia será para ti tu mejor aliada. No hace falta innovar constantemente o incluir nuevas fórmulas. Adapta tu negocio a esas ideas que ya funcionan, pero apórtales tu sello personal.
- **Adquiere tu propio dominio y alojamiento web.** Como ya sabes, si quieres dar una imagen profesional, aventúrate a tener tu propio dominio y alojamiento web. Recuerda que lo barato sale caro, así que no escatimes en este asunto.
- **Valida tu idea de negocio *online.*** Y para saber si tu propuesta es la acertada, valida tu negocio *online* formulándote preguntas como: ¿qué solución aporta mi idea de negocio?, ¿es fácil de explicar?, ¿podrás ofrecer más valor que la competencia?
- **Haz labores de divulgación.** Por último, proyecta toda tu energía en divulgar tu propuesta en todos aquellos medios donde están tus clientes potenciales. Haz uso de las redes sociales y estrategias de *marketing* para dar difusión a tu negocio *online.*

 VÍDEO

En este vídeo conocerás a Cris Urzúa un joven mejicano que decidió dar una vuelta a su vida profesional, poniendo en marcha su idea emprendedora. Te invito a que visualices un primer vídeo para después pasar a un segundo que te mostrará cómo ha ido evolucionando este emprendedor y cómo ha ido cambiando su modelo de negocio de la mano de tecnología disruptiva como es el caso de Blockchain.

Continúa en página siguiente >>

<< Viene de página anterior

1. Primer vídeo

https://redirectoronline.com/comm061po0212

2. Segundo vídeo

https://redirectoronline.com/comm061po0235

2.9. Caso práctico resuelto

Conseguiste iniciar los primeros pasos para el diseño de la que será tu web corporativa. Te has familiarizado con la plataforma de edición y has recorrido el menú por donde circulará el *Frontoffice* de tu negocio *online*.

Ahora será necesario darle vida con todos aquellos elementos que te ayudarán a que esto sea posible.

Desde la opción de "Personalizar" que ofrece el menú, podrás añadir y modificar la imagen de portada. Recuerda que el editor propone algunas sugerencias de su banco de imágenes; no obstante, en la versión gratuita las opciones son escasas. Por ello puedes disponer de imágenes libres de derechos de autor en sitios como *Pixabay*.

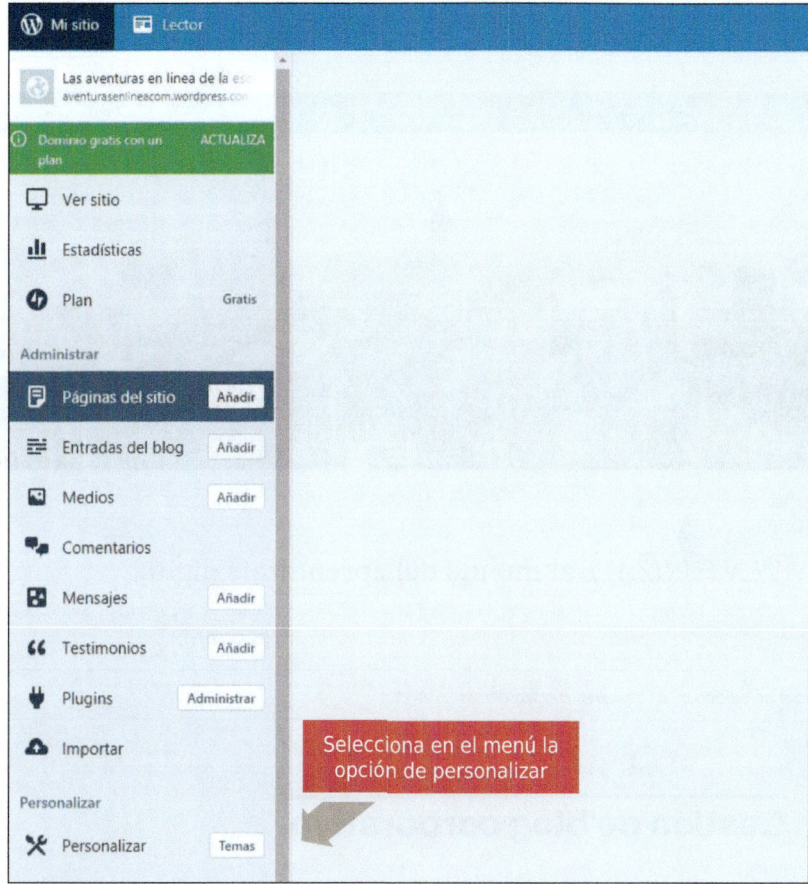

Ejemplo de edición de un sitio web con WordPress

Este es el resultado y, al igual que con la imagen, puedes incluir en el contenido otros elementos como vídeos. También, y desde la opción "páginas del sitio", podrás crear el menú por el que navegarán tus visitantes.

Ejemplo de edición de un sitio web con WordPress

3. Gestión de blog corporativo

 **HILO CONDUCTOR**

Tras avanzar con el diseño de la escuela *online*, Marta, la asesora de Sonia, le recomienda subir publicaciones sobre temas que interesan a su público objetivo. La mejor opción para ello es aprovechar la web para incorporar en ella un blog. Esta es una fórmula ideal para conseguir suscriptores. ¿Será capaz Sonia de poner en marcha el blog y mantenerlo como estrategia *online*?

- -

Desde el punto de vista del emprendimiento, es posible que te cuestiones la necesidad de incorporar un blog a tu nuevo sitio web.

Pero seguro que después de comprender las siguientes razones no dudarás en beneficiarte de las ventajas que le ofrecerá a tu negocio.

La estrategia de **Inbound Marketing** se vale del blog como herramienta para atraer y convertir tráfico a la web.

 **DEFINICIÓN**

Inbound Marketing

Es una práctica de las empresas que centra la atención en las personas. Esto significa que las campañas que surgen de esta metodología están orientadas a ofrecer un contenido de valor, ya sea informativo o educativo, para el usuario.

El *Inbound Marketing* da servicio a los navegantes de internet a la misma vez que facilita a la empresa su posicionamiento web:

1. Localizar a la empresa con mayor rapidez gracias al contenido de valor publicado.

2. Abrir una ventana de posibilidades para que los productos o servicios sean conocidos.

3. Mantener una relación con el cliente basada en la confianza en tu producto.

4. Hacer posible que el contenido sea compartido y se amplifique su poder de generar más tráfico.

3.1. Cómo adecuar los contenidos para fidelizar al cliente

Es evidente que el diseño de un blog dependerá en gran medida del tipo de canal o web desde donde se realizarán las publicaciones. No es lo mismo un blog de empresa, un blog de una *e-Commerce* o un blog de una *influencer* de moda.

No obstante, todos ellos deberán gozar de unas características comunes:

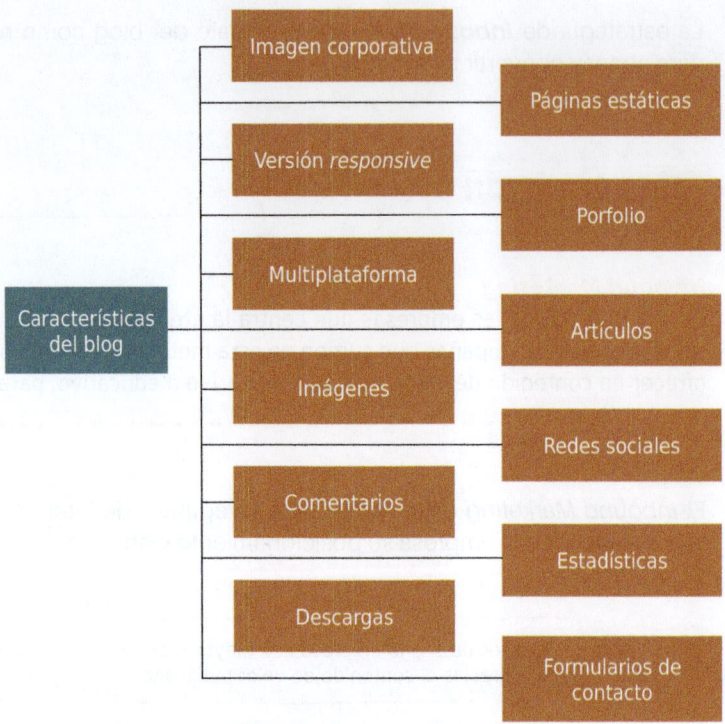

- **Imagen corporativa.** El blog es una oportunidad de ofrecer un servicio de calidad para aquellos usuarios que buscan una temática acorde a sus intereses. Esto hace posible que la imagen del negocio vaya más allá del mero hecho comercial, dando un servicio añadido que potenciará sin duda la marca de tu negocio, siendo reconocible la imagen corporativa por el público de internet. Para ello el diseño del blog tendrá que contemplar aspectos como logotipo, colores adecuados, etc.
- **Páginas estáticas.** El blog se caracteriza por la posibilidad de publicar *post* periódicamente para fidelizar al cliente y, a la vez, atraer visitas nuevas de usuarios. Es por ello por lo que es interesante contar con páginas fijas en las que se informe de aspectos relativos a la historia del negocio y las pretensiones del blog.
- **Versión *responsive*.** Esta característica hace posible que el acceso al blog corporativo pueda realizarse desde cualquier tipo de dispositivo móvil. Este aspecto es vital, ya que la gran mayoría de los usuarios de internet utilizan tabletas y móviles para buscar temas de interés.
- **Porfolio.** Aprovecha la oportunidad para mostrar trabajos y proyectos, el blog es una muy buena herramienta para darte a conocer como profesional.
- **Multiplataforma.** Elige una plataforma para crear y diseñar un blog que te permita acceder a ella desde cualquier lugar y no te condicione al uso

de un ordenador, ya que una idea que quieras plasmar en el blog puede surgir en cualquier momento.

⮑ **Artículos.** Muestra artículos de interés. Para ello debes estar al día de las tendencias que interesan a los clientes. Incluye en el contenido enlaces externos de calidad y, sobre todo, crea un contenido fácil de comprender.

⮑ **Imágenes.** Refuerza el texto con imágenes que hablen por sí solas y no te olvides incluir en ellas las URL correspondientes para que los motores de búsqueda de *Google* puedan comprender fácilmente el contenido que pretendes promocionar. Ayúdate también de las imágenes para crear tu propia galería.

⮑ **Redes sociales.** No olvides incluir en cada *post* los botones de las principales redes sociales para que, de esta manera, el material pueda ser compartido con facilidad.

⮑ **Comentarios.** Dale la oportunidad al lector de opinar sobre el tema tratado, es la mejor fórmula para que el cliente se sienta partícipe, pero no olvides configurarlo para que tú puedas previamente visar los comentarios.

⮑ **Estadísticas.** De nada sirve exponer un contenido sin tener la posibilidad de analizar a través de estadísticas el interés que despierta *(clics)*, pudiendo hacer una reflexión sobre qué palabras clave sirvieron de gancho para atraer al lector.

⮑ **Descargas.** El contenido debe estar preparado para poder ser descargado por cualquier usuario, con la utilización de imágenes atrayentes e incluso algún **podcast.** Los *podcast* son audios que puedes crear tú mismo para transmitir un contenido de interés.

⮑ **Formularios de contacto.** Por último, no olvides aprovechar esta oportunidad para que el usuario que acceda a tu blog tenga facilidades a la hora de contactar contigo, además de poder suscribirse para que esté al día de nuevos *post* publicados.

Hablar de fidelizar a los clientes a través de los contenidos de un blog es hablar de la **estrategia de *marketing* de contenidos.**

 **DEFINICIÓN**

Estrategia de *marketing* de contenidos
Es aquella capaz de generar contenido de valor al usuario, generando un vínculo de interés con la temática.

Los objetivos que persigue la estrategia de *marketing* de contenido son:

- **Hace labores de información.** Este objetivo de esta metodología pretende formar y educar al usuario que accede a la lectura. El usuario de internet que accede a un blog quiere que este le enseñe cosas nuevas de las que poder aprender, ya sean cuestiones técnicas o de otra índole.
- **Atrae a nuevos usuarios.** La manera en la que el *marketing* de contenidos atrae a nuevos usuarios es muy sutil, ya que no se trata de hablar de productos o servicios, sino de solucionar problemas aportando información de utilidad.
- **Genera tráfico a la web.** El *marketing* de contenidos trata, a través de contenidos de valor, atraer y generar tráfico a la web de un tipo de usuario que potencialmente pueda convertirse en cliente. Esto significa que el contenido debe ser lo más especializado posible.
- **Fideliza.** El *marketing* de contenidos no quiere que el lector acuda una sola vez al blog, sino que persigue que el usuario lector sea asiduo al sitio web. Para ello debe existir un continuo flujo de contenido de calidad que siga aportando valor al usuario para que este permanezca y repita.
- **Consigue nuevos clientes.** Si todos los objetivos anteriores se cumplen, el *marketing* de contenido generará nuevos clientes, ya que la opción de compra siempre será más probable que provenga de usuarios lectores fidelizados, aumentando el ratio de conversión.
- **Ofrece una imagen de empresa.** El *marketing* de contenido pretende, además, generar un vínculo entre la marca que representa a la empresa con los clientes, generando un compromiso que sin duda reforzará la imagen de la empresa.
- **Posiciona la web.** Todo lo anterior hará posible que el negocio obtenga mejor posicionamiento web, apareciendo en las primeras posiciones en las búsquedas realizadas por los potenciales clientes.

Ahora que conoces en qué consiste la estrategia de *marketing* de contenidos, tendrás que tener claro cómo ayudarte de esta estrategia para que tu blog obtenga la respuesta adecuada por parte de tu público objetivo. Para ayudarte a comprenderlo un poco mejor, presta atención a los siguientes consejos:

 CONSEJO N.º1

Pregúntate qué problema quiere solucionar tu público objetivo.

Es muy importante que conozcas las necesidades de las personas a las que te vas a dirigir y cuáles son las temáticas que más buscan en internet. De esta manera, podrás crear un contenido atractivo y atrayente para tu lector.

CONSEJO N.º2

Una vez identificados los intereses de tu público, trata de elaborar un contenido único y de calidad. Para ello, lee otras publicaciones de otros sitios y trata de aportar información nueva al contenido tratado en otros blogs.

 CONSEJO N.º3

Ya conoces los intereses de tu público y has identificado información nueva y de calidad que aportarás en el contenido. Ahora te toca hacer uso de las palabras clave para conseguir el posicionamiento orgánico que tu negocio necesita. Puedes investigar las mejores palabras clave con herramientas como el planificador de palabras clave de *Google AdWords* o *SEM Rush*.

3.2. El blog en la estrategia *online: Facebook Connect,* etc.

Tu Blog inicia su actividad y sin embargo observas que no consigues sacarle el máximo provecho. Una buena estrategia *online,* hará posible que el contenido web de tu Blog de negocios sea pos sí mismo una poderosa arma digital que hará que tus publicaciones sean atractivas.

Es interesante saber que detrás de cada red social hay un público objetivo deseando dar con un contenido y diseño de calidad, pero también debes conocer que cada red exige a tus publicaciones y presentaciones unas características diferentes.

Si quieres diseñar un contenido con imágenes adaptadas al estándar de cada red social, puedes utilizar herramientas web que te facilitarán esta labor.

Canva es una de ellas; te permite diseñar de manera gratuita *post* adaptados a las exigencias de cada red. De esta manera, tus publicaciones serán más visuales y tendrán el formato adecuado al lugar donde las quieras publicar.

Puedes acceder a la página web de *Canva* a través del siguiente enlace:

https://redirectoronline.com/comm061po0213

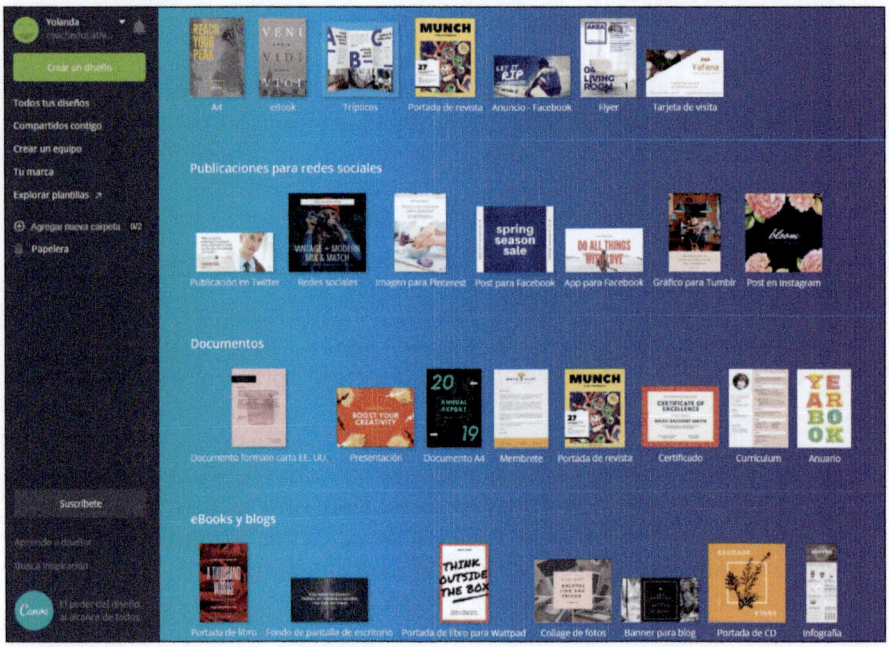

Ejemplo de plantillas de Canva para publicaciones en redes sociales

Con la herramienta *Canva* podrás crear y diseñar un contenido de calidad dirigido a cualquier red social, permitiéndote tanto editar texto como imágenes.

Pero recuerda que no todo es el contenido ni el diseño. Tendrás que decidirte por utilizar herramientas a tu alcance que te permitan tomar el mando como un verdadero especialista en el análisis web.

 **VÍDEO**

Metricool es una herramienta de análisis web que te servirá de ejemplo para familiarizarte con la gestión del tráfico a los contenidos de tu sitio web.

https://redirectoronline.com/comm061po0214

3.3. Cómo crear un blog con *Blogger,* paso a paso

Ya has tomado conciencia de los beneficios de incorporar un blog a la web del negocio. Ahora te toca ver cómo puedes crear uno en la plataforma de *Blogger.*

Sigue los pasos que a continuación se te indica:

Primer paso

Inicia la sesión en la plataforma de *Blogger.*

Te aparecerá un mensaje como el de la siguiente imagen:

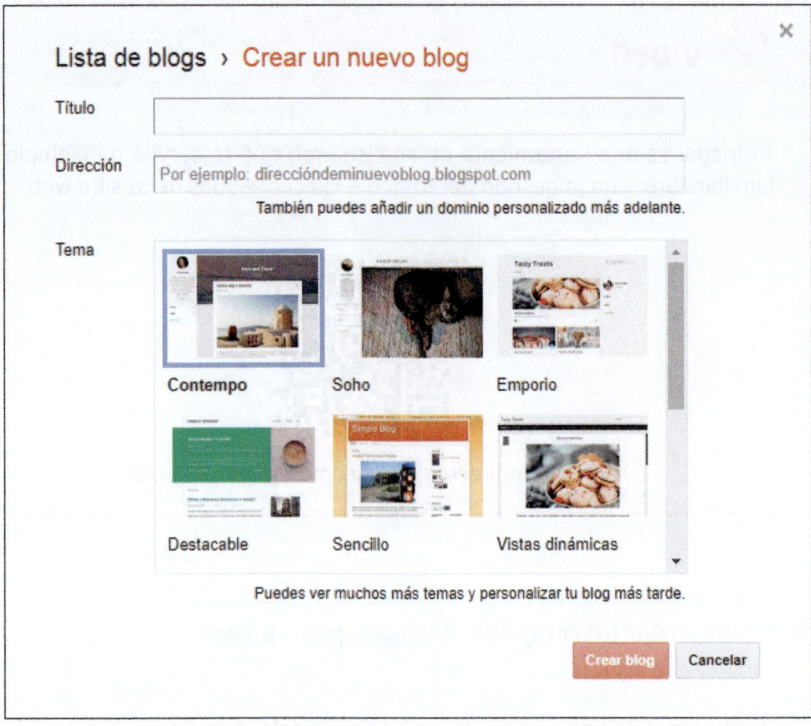

Ejemplo de creación de un blog con Blogger

Puedes acceder a la página de *Blogger* a través del siguiente enlace:

https://redirectoronline.com/comm061po0215

Segundo paso

Pincha en la opción de "Título" y escribe el nombre que deseas ponerle a tu blog.

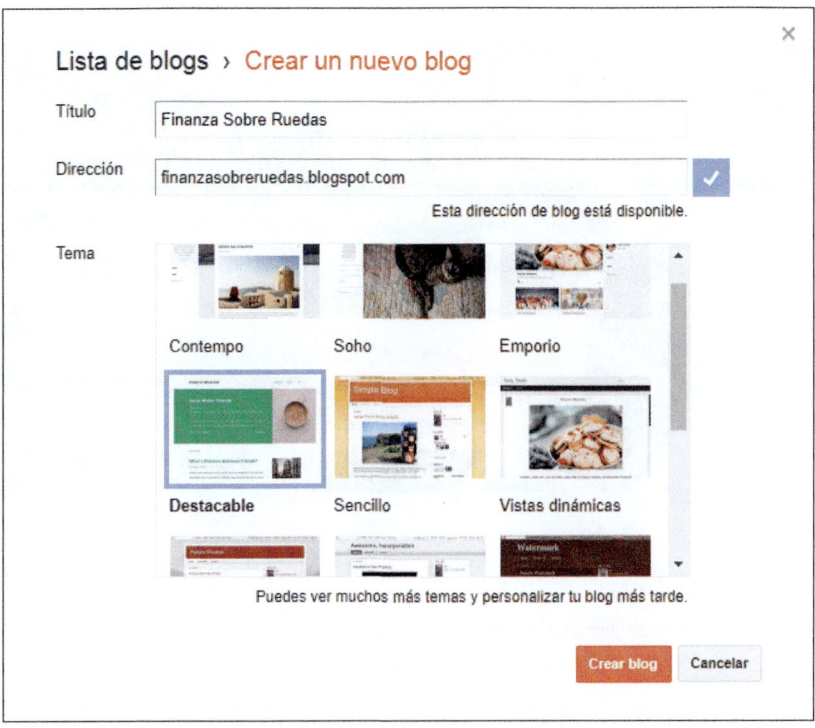

Ejemplo de cómo añadir un título a un blog con Blogger

Tercer paso

Una vez que has elegido el título de la página y la URL del blog, deberás seleccionar la plantilla que más se adecúe a tu sitio web.

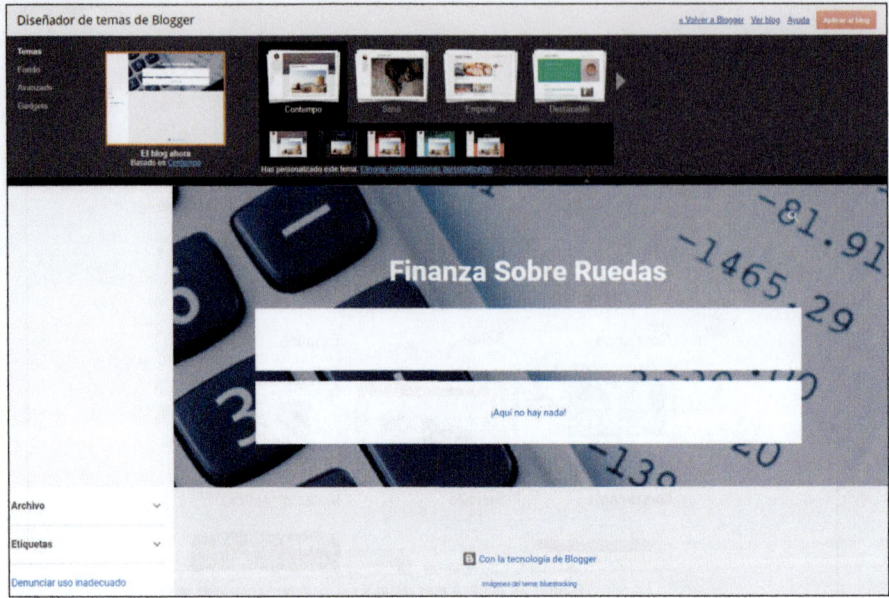

Ejemplo de selección de plantilla para la creación de un blog con Blogger

Cuarto paso

Anímate a crear tu primera publicación. Para ello solo tendrás que **añadir una página** y comenzar a redactar el contenido.

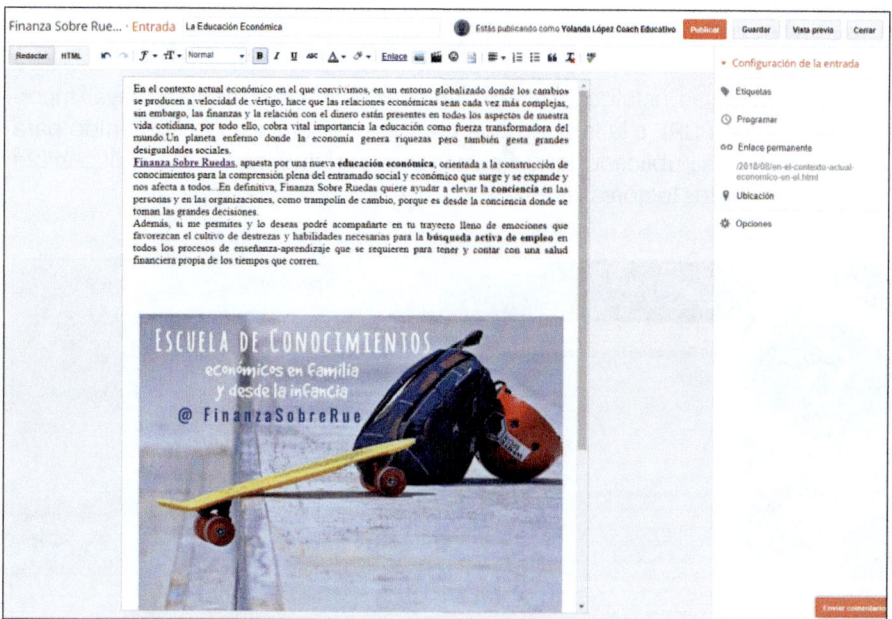

Ejemplo de edición de una publicación de un blog con Blogger

⊕ PARA SABER MÁS

Para aprender cómo añadir una página puedes consultar la página de ayuda de *Blogger*.

https://redirectoronline.com/comm061po0216

Quinto paso

Una vez hayas incluido en el texto enlaces de interés y además hayas incorporado una URL a la imagen que presentes, estará listo tu contenido para que este sea publicado. Haz clic en la pestaña "Publicar" y estará disponible para todos los lectores.

Ejemplo de resultado de una publicación de un blog con Blogger

3.4. Cómo crear un blog con *WordPress,* paso a paso

Además de *Blogger,* hay otros sitios web especializados en el diseño y edición de blogs. Uno de estos lugares ya lo conoces, se trata de *WordPress.*

Como podrás ver en el siguiente vídeo, *WordPress* ofrece una herramienta para la gestión de blogs muy fácil e intuitiva.

 **VÍDEO**

El siguiente vídeo te mostrará de manera sencilla cómo se crea un blog a través de *WordPress*.

https://redirectoronline.com/comm061po0232

 **PARA SABER MÁS**

Si no te decides aún por alguna de las plataformas vistas hasta ahora, prueba a leer el siguiente artículo:

https://redirectoronline.com/comm061po0218

3.5. Caso práctico resuelto

Has conseguido llegar hasta aquí conociendo las ventajas y los beneficios que puede ofrecerte la inclusión de un blog en la web de tu negocio. Has conocido dos editores que te brindan la posibilidad de iniciarte en el mundo de *Blogger* sintiéndote acompañado en el trayecto. Pero hay una última cuestión que te ayudará a mejorar la gestión de tu sitio web desde esta herramienta llamada blog. Necesitas que tu cliente objetivo conecte con tu página y se vincule a ella, **¿cómo hacerlo?**

En el menú desde donde accederás a gestionar el blog de tu empresa, dispones de una pestaña que te dará la oportunidad de incluir los *plugins* más eficaces para tu blog de *WordPress.*

Algunos de ellos son los siguientes:

- ⮕ *Social Locker for WordPress:* sirve para bloquear parte del contenido de una publicación, que permitirá al usuario acceder a él siempre que comparta la publicación.
- ⮕ *KK Star Ratings:* sirve para incorporar en la publicación una opción para que el usuario lector pueda valorar el contenido publicado en el post.
- ⮕ *Better WordPress Minify:* sirve para agilizar los tiempos de carga de la web, principalmente cuando tiene incorporado archivos como fotografías o vídeos de mucho peso.

 **NOTA**

El blog de Aula CM presenta un artículo interesante sobre los 33 *plugins* de *Word-Press* que no deben faltar si quieres mejorar el posicionamiento SEO de tu blog.

https://redirectoronline.com/comm061po0219

Visto esto, ya estarás definitivamente preparado para poner en práctica lo aprendido.

4. *Marketing* 3.0

☞ HILO CONDUCTOR

Marta asesora a su clienta con el fin de que aprenda a diseñar un producto de formación basado en la experiencia de usuarios. Hasta hace muy poco este concepto era desconocido para ella. Pero Sonia no duda que, en el esfuerzo final por entender y comprender esta nueva filosofía comercial, estará la recompensa de todo el trayecto recorrido.

- -

La comunicación que ofrece el *marketing* digital implica acciones dirigidas para atraer a nuevos clientes. Sin embargo, no siempre ha sido igual. Con el paso del tiempo el *marketing* ha ido progresando hasta los tiempos actuales, donde el método requiere del conocimiento a fondo de tu público objetivo con el fin de crear el mayor vínculo posible.

La estrategia de marketing 3.0, más que el hecho de vender, se preocupa y ocupa de todo aquello que valoran las personas.

4.1. *Value Management:* prepararse para el *marketing* 3.0

Al igual que ocurre con los avances tecnológicos, la técnica, que no es otra cosa que el "arte de hacer", también evoluciona con el paso del tiempo.

En lo que se refiere a las nuevas técnicas de *marketing,* todas ellas incorporan un nuevo ingrediente con el que te tendrás que familiarizar. Son ya muchas las empresas de éxito que alinean todos sus esfuerzos hacia el denominado **Value Management.**

DEFINICIÓN

Value Manamegent
Hace referencia a una filosofía empresarial o comercial, en la que la gestión íntegra de la actividad del negocio está orientada a la gestión de valor hacia el cliente y no tanto al producto o servicio que se comercializa.

Una estrategia de marketing basada en el Value Mangement transforma en el cliente la percepción del coste de un producto en el valor que aporta.

Sin duda alguna, si tu pretensión es poner en marcha un negocio y que tu idea tenga éxito, tendrás que manejar el arte del **marketing 3.0,** cuya filosofía está basada en el conocimiento profundo de tu público objetivo con idea de atraerlos hacia tu negocio con tácticas de *marketing* sustentadas en determinados valores.

El *marketing* 3.0, dirigido al cliente potencial, está sustentado en tres pilares fundamentales:

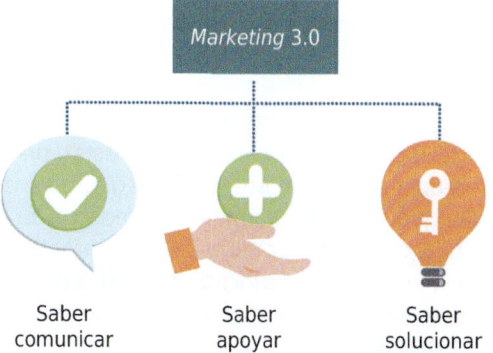

El enfoque de este *marketing* 3.0 lo expuso **Philip Kotler,** impulsor de esta nueva filosofía de *marketing* para llegar al cliente, cuando estableció las diferencias entre los tipos de *marketing* aplicados hasta ahora:

 **PARA SABER MÁS**

Accediendo al siguiente enlace podrás conocer mucho más sobre el profesor Philip Kotler.

https://redirectoronline.com/comm061po0220

4.2. *Co-Creation:* el cliente como creador del producto

Aunque, *a priori,* puede parecerte no haber diferencia entre el *marketing* 2.0 y el *marketing* 3.0 porque ambas disciplinas están orientadas a los clientes, hay una diferencia sustancial entre ellas. Kotler avanzó que el **marketing 3.0** no es más que una fórmula más avanzada de su predecesora, ya que se le incorpora al concepto "consumidor", la característica del "espíritu humano", es decir, un *marketing* **dirigido a la persona** íntegra y completa más allá de sus intereses como consumidor, cuyo afán es el de **vivir y convivir en un planeta mejor.**

Esta nueva fórmula implica el establecimiento de un fuerte vínculo emocional entre:

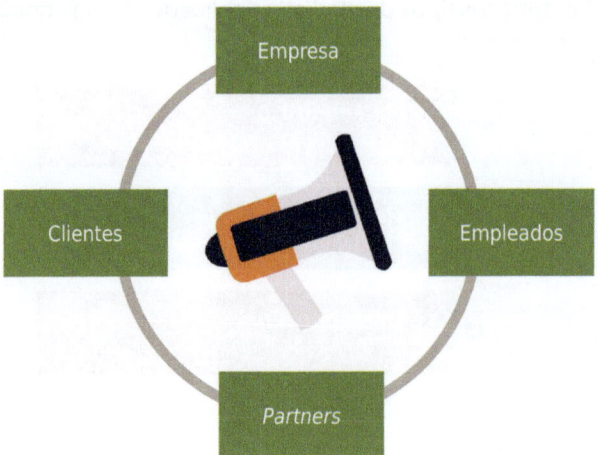

Todos estos actores estarán orientados a establecer relaciones que aporten valor a la sociedad, más allá de los intereses propios de cada uno.

Con la política del *marketing* 3.0:

El cliente es visto por la empresa como un ser humano con profundos sentimientos, emociones con intereses y con necesidades de convivir en un entorno social sano y productivo, además de **protagonista** en la construcción de una sociedad robusta de sólidos valores.

La empresa es vista por el cliente como un ecosistema saludable que **genera valor** a la sociedad, con una cultura socioeconómica y cultural generadora de bienestar presente y futuro.

NOTA

La cultura económica que conforma el *marketing* 3.0 tiene un beneficio global en la que todos ganan.

Tu idea emprendedora deberá nutrirse de una iniciativa orientada a las personas como estrategia económica para establecer fuertes lazos de unión.

Tu negocio y las personas a las que te dirijas deberéis ser capaces de generar conjuntamente elementos de valor para alimentar y sanar a la sociedad enferma actual. Para ello, debes involucrar a tu público en construir conjuntamente productos y servicios orientados para tal fin. Este modelo de negocio recibe el nombre de **Cocreación,** un modelo basado en la cooperación dejando a un lado la competencia.

NOTA

La Cocreación entre empresas y usuarios contribuye a obtener un resultado de impacto social.

PARA SABER MÁS

A continuación, conoce qué son estos espacios de trabajo y cómo funciona a modo de hilo invisible, uniendo y enlazando a diferentes actores en la creación y desarrollo de una idea empresarial.

Continúa en página siguiente >>

<< Viene de página anterior

https://redirectoronline.com/comm061po0233

4.3. Comunidades 3.0: comunicación cliente-cliente

Para que pueda ser posible la puesta en práctica de esta cultura empresarial, será necesario crear y fomentar alrededor del negocio una comunidad que llamaremos **comunidad 3.0.**

DEFINICIÓN

Comunidad 3.0

Es aquella que surge de las relaciones que se establecen entre las empresas y las personas, por la participación activa de los usuarios, clientes y consumidores, haciendo uso de tecnologías implementadas en las redes sociales, blogs, etc., las cuales permiten y favorecen una comunicación directa y espontánea.

Seguro que te preguntarás qué **beneficios** tiene para ti como emprendedor contar con una comunidad 3.0 de comunicación *online*. Pues bien, aquí tienes alguno de ellos:

Conocer mejor a tu público
- Las comunidades son grandes generadoras de información. En ellas se produce un constante movimiento de opiniones multidireccionales con intereses comunes. De estas comunicaciones es posible extraer información útil sobre el público que te interesa, permitiéndote conoceros aún mejor. Sin duda esto representa una fuente de información para las decisiones en la empresa, por lo que sería un grave error no aprovechar estos canales de información.

Investigar intereses del mercado
- Gracias a estas comunidades digitales en las cuales se comparte información de manera instantánea, es posible advertir tendencias e intenciones de compras, cuestiones que no hay que desaprovechar.

Generar información de valor
- La interacción con clientes de tu comunidad te permitirá aprovechar cuestiones relacionadas con el grado de satisfacción recibido. De esta manera, la información obtenida menos favorable te ayudará a mejorar, y la más favorable será objeto de ser compartida en la comunidad y ayudará a aumentar la misma.

Por otra parte, es evidente que las nuevas tecnologías han hecho posible una transformación en la comunicación entre empresa y clientes.

Un ejemplo claro lo tienes cuando haces un pedido por internet y la empresa encargada del reparto te facilita una comunicación constante de la ubicación del paquete que recibirás.

De cara a la experiencia de usuario, esta se inicia desde el momento que localiza tu negocio por internet, entra y navega por tu página, consulta opiniones, confirma garantía de devolución, se cerciora del pago seguro y realiza el pedido. Pero no finaliza aquí; la experiencia prosigue en el recorrido y entrega de la mercancía y, posteriormente, con la comprobación de que el producto adquirido cubre sus necesidades. A esto se le denomina **ciclo de experiencia de usuario** y la comunicación en este recorrido tendrá una enorme importancia para que el resultado de dicha experiencia sea grata.

4.4. Creación de campañas de comunicación en la web semántica

La comunicación 3.0 surge del nacimiento de la llamada web 3.0 o **web semántica.**

A diferencia de otro tipo de web, esta se caracteriza por el movimiento social que generan las comunicaciones que fluyen por ella, capaz de conectar "inteligentemente" programas y contenidos orientados al usuario.

La **web semántica** aprovecha lo que ofrece la tecnología para incorporar elementos en ella que potencien la interacción de los usuarios, pero además y lo que es más importante, esta tecnología permite de manera automática implementar programas inteligentes que son capaces de interpretar y razonar datos.

La **web semántica** y su inteligencia tecnológica favorecen, sin duda alguna, un tipo de *marketing* mucho más vivaz, agudo y penetrante. Esto significa que el *marketing* 3.0 es una disciplina inteligente al servicio de los negocios y los ciudadanos.

Actualmente la tecnología está en desarrollo y queda mucho por hacer. Sin embargo, ya existen *plugins* orientados para el *marketing* de contenidos, donde la tecnología permite examinar el contenido de un *post* y obtener artículos de la temática para poder ser enlazados.

◉ EJEMPLO

ZEMANTA es un programa que utiliza el *marketing* de contenido programático basado en la inteligencia artificial. Accede a su página a través del siguiente enlace:

https://redirectoronline.com/comm061po0222

- -

Sin embargo, el diseño de una campaña de comunicación en la web semántica comienza por generar tu propia comunidad.

Con *WordPress* puedes acceder a ella fácilmente; solo tendrás que seguir los pasos que a continuación te indicamos.

Primer paso. Busca y explora

Dedica un tiempo en localizar el colectivo que está buscando en la red soluciones como la tuya.

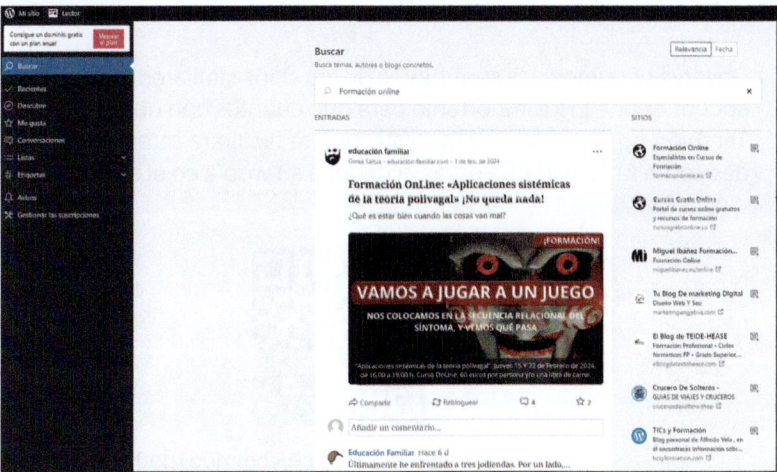

Ejemplo de búsqueda de comunidades con WordPress. (© Fotografía: WordPress / wordpress.com)

Encontrarás publicaciones en las que, en muchas de ellas, el público habrá interactuado. Estos usuarios hacen comentarios y muestran interés por ciertos contenidos. Ahí encontrarás el primer elemento para ir creando comunidad.

Una vez realizado el primer paso, seguirás dedicando tiempo a labores de investigación.

Segundo paso. Localiza lugares similares a tu sitio web

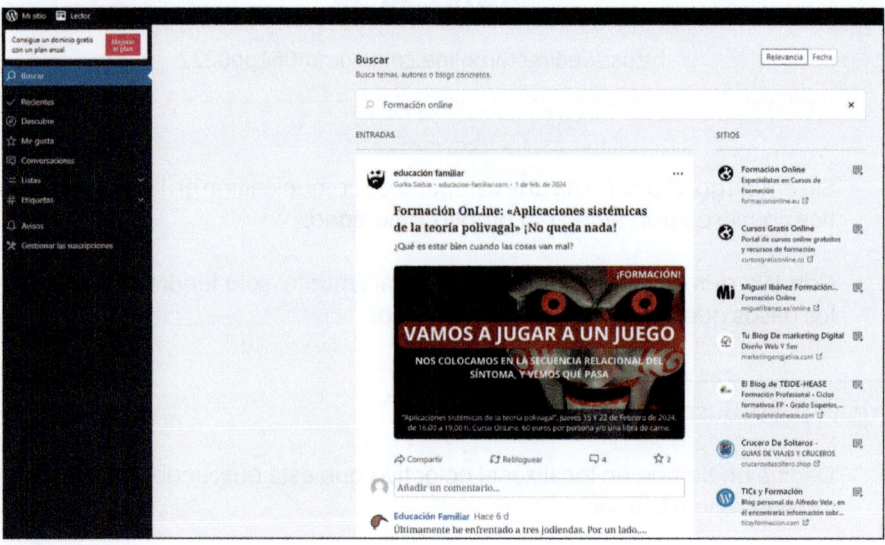

Ejemplo de búsqueda sitio web con WordPress

Observa el número de seguidores de los sitios similares al tuyo, ahí puedes encontrar una pista importante para que cuentes con una gran comunidad. También puedes utilizar *Discover,* que te facilitará publicaciones destacadas sobre tu actividad. Podrás acceder a su web a en el siguiente enlace.

https://redirectoronline.com/comm061po0223

No olvides estar en alerta con los comentarios; un usuario adquiere compromiso cuando recibe una contestación a sus observaciones. No te olvides habilitar esta opción en tu sitio web de *WordPress.*

Tercer paso. Adquiere compromiso con la comunidad

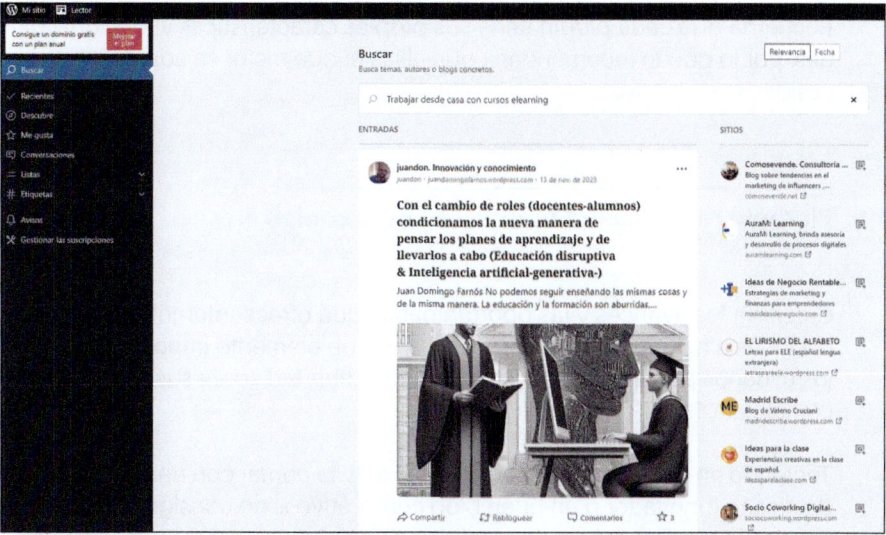

Ejemplo de visualización de comentarios en sitio web con WordPress

Y por último, más que un paso, es un consejo.

Cuarto paso. No te aísles

Trata en todo lo posible de mantenerte activo con tu comunidad. Debes evitar aislarte y aislarlos, para ello, puedes utilizar alguna de las siguientes aplicaciones *(Plugins* de *WordPress)* con las que podrás publicar automáticamente en tus redes sociales. Aquí te menciono algunos de los más recomendados:

- ⊃ ***Social Auto Poster:*** permite la publicación automática de tu contenido en las plataformas de redes sociales más famosas como *Facebook, Twitter, LinkedIn, Tumblr, Buffer App* y *Pinterest.*
- ⊃ ***Blog2Social:*** *plugin* gratuito y muy eficaz que te permite compartir tus publicaciones en diferentes plataformas sociales.
- ⊃ ***Social Snap:*** ayuda a aumentar la visibilidad de tu sitio web y llegar a una mayor audiencia en las redes sociales.

⊃ **Social Warfare:** recomendado para mejorar tu presencia en las redes sociales.

⊃ **Revive Old Post:** permite compartir automáticamente tus publicaciones antiguas en tus redes sociales, manteniendo tu contenido vivo y aumentando su alcance.

⊃ **CoShedule:** funciona como un calendario todo en uno, permitiéndote programar la publicación de tus pos en redes sociales.

Recuerda que cada *plugin* tiene sus propias características y funcionalidades, por lo que te recomendaría que elijas el que mejor se adapte a tus necesidades y objetivos.

4.5. Ejemplo real: nuestra marca y su ADN social

Gracias a los avances y las oportunidades que ofrece internet, las comunicaciones a través de las redes sociales son un elemento importante donde los usuarios se expresan y opinan con total libertad sobre sus experiencias comerciales.

Teniendo en cuenta este factor, de poco servirá contar con una página web de diseño innovador o un buen blog corporativo si no consigues transmitir en ellos lo que deberá ser una realidad de empresa coherente y comprometida con el **bienestar social.**

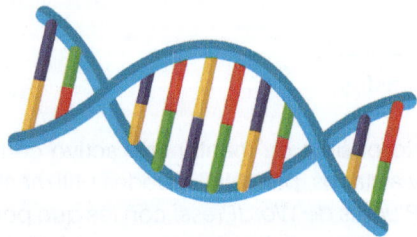

El ADN de un negocio debe estar constituido con material que ofrezca cierta vocación social.

 **IMPORTANTE**

Nunca subestimes el olfato intuitivo del navegante de internet; los usuarios son verdaderos expertos en detectar fraudes emocionales de empresas que venden una imagen totalmente diferente a la realidad empresarial. Cada vez es más común visitar foros de colaboradores y empleados donde exponen crudas realidades que la empresa trata de ocultar.

El ADN es el contenido de tu negocio, que configura tu marca empresarial y que debe ser tu mejor apuesta para formar parte del cambio social que el mundo y la economía global necesita.

Es importante medir el tráfico de usuarios a un sitio web para comprender cómo interactúan los visitantes, identificar áreas de mejora y optimizar la experiencia del usuario.

Utilizar **Google Analytics** es interesante porque ofrece una amplia gama de herramientas y métricas detalladas que permiten un análisis exhaustivo del comportamiento del usuario, la efectividad del contenido y el rendimiento del sitio web en general. Todo esto ayuda a tomar decisiones correctamente informadas y mejorar continuamente el rendimiento *online*.

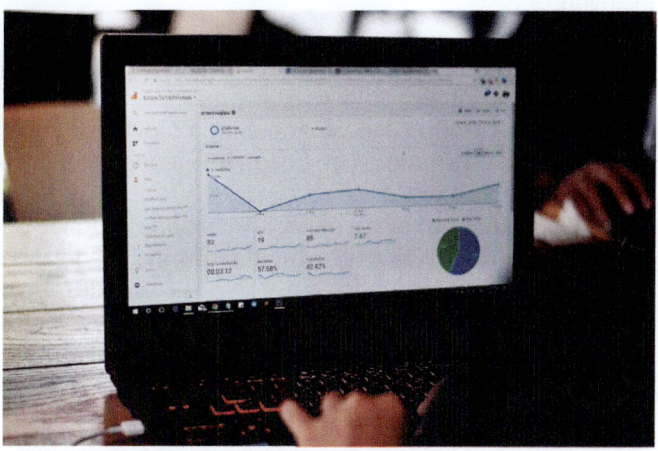

Al ser Google Analytics una herramienta gratuita y fácil de usar, es accesible para empresas de todos los tamaños, siendo una solución asequible y poderosa para el seguimiento y la optimización del tráfico web. (© Fotografía: duangphorn wiriya / Shutterstock.com)

Para medir el tráfico de un sitio web con *Google Analytics,* puedes seguir unos pasos sencillos:

⮕ **Crea una cuenta de *Google Analytics*:** si aún no tienes una cuenta de *Google Analytics,* ve a https://analytics.google.com/ y crea una nueva cuenta. Sigue las instrucciones para configurar tu cuenta y agregar tu sitio web.

- **Obtén un código de seguimiento:** una vez que hayas creado una cuenta y agregado tu sitio web, *Google Analytics* te proporcionará un código de seguimiento único. Este código debe ser agregado a todas las páginas de tu sitio web para que Google pueda rastrear el tráfico.

- **Agrega el código de seguimiento a tu sitio web:** copia el código de seguimiento proporcionado por *Google Analytics* y pégalo en todas las páginas de tu sitio web, justo antes de la etiqueta de cierre </head>.

- **Espera a que *Google* recopile datos:** después de agregar el código de seguimiento, *Google* comenzará a recopilar datos de tráfico de tu sitio web. Esto puede tomar algunas horas o incluso hasta un día antes de que comiences a ver datos en tu panel de *Google Analytics.*

- **Accede al panel de *Google Analytics:*** una vez que *Google* haya recopilado suficientes datos, podrás acceder al panel de *Google Analytics* iniciando sesión en tu cuenta y seleccionando el sitio web que deseas analizar.

- **Explora los informes de tráfico:** en el panel de *Google Analytics,* encontrarás una variedad de informes que te mostrarán diferentes aspectos del tráfico de tu sitio web. Algunos de los informes más importantes incluyen:

    - **Visión general:** ofrece un resumen del tráfico total, incluidos los usuarios, sesiones, páginas vistas y más.
    - **Fuentes de tráfico:** muestra de dónde proviene el tráfico de tu sitio web, ya sea de motores de búsqueda, redes sociales, sitios de referencia u otras fuentes.
    - **Comportamiento del usuario:** proporciona información sobre cómo interactúan los usuarios con tu sitio web, incluyendo las páginas más populares, el tiempo medio en el sitio, las tasas de rebote, entre otros.
    - **Conversiones:** si has configurado objetivos o eventos en *Google Analytics,* este informe te mostrará cuántas conversiones ha generado tu sitio web y qué acciones llevaron a esas conversiones.

 CONSEJO

Estos son solo algunos de los informes disponibles en *Google Analytics*. Puedes explorarlos en detalle para comprender mejor el rendimiento y el comportamiento de los usuarios en tu sitio web.

4.6. Ejercicio práctico: crear una estrategia de *marketing* dinámica 3.0

Como sabrás, la digitalización ofrece un valor añadido a las propuestas comerciales. Estas mejoras u optimación son posibles gracias a una **tecnología sincrónica,** que detecta el interés que muestra el usuario de manera instantánea cuando navega por internet.

Este tipo de tecnología es posible aplicarla en un negocio de nueva creación. De esta manera, los esfuerzos por localizar clientes potenciales que pudieran estar interesados por tus productos quedan prácticamente automatizados.

 VÍDEO

José Mark presenta este tutorial donde explica paso a paso cómo realizar una campaña de *marketing* dinámica:

https://redirectoronline.com/comm061po0226

 TAREA 2

Rodrigo es un joven con inquietudes emprendedoras pero que, por motivos familiares, no ha podido dedicar tiempo al estudio ni a la formación profesional en el campo que le apasiona que es el deporte.

Su objetivo es poder crear un lugar de encuentro virtual, donde se fomente los muchos valores que la sociedad ha perdido y que, por desgracia, se viene apreciando en el fútbol base del que él procede. Sueña con una escuela deportiva

Continúa en página siguiente >>

<< Viene de página anterior

online en donde se entrene y cultive diariamente las competencias emocionales que cualquier deportista, entrenador, administrador deportivo o familiar requiere para engrandecer esta devastada especialidad deportiva por cuestiones que todo el mundo conoce. Para ello, decide ponerse manos a la obra, pero necesita algo de apoyo para proceder.

Con estos datos, ayuda a Rodrigo en los siguientes puntos:

- Entender cómo funciona la obtención de un dominio apropiado para una web.
- Dar a conocer proveedores cualificados para el diseño de una página web corporativa o profesional.
- Saber identificar *plugins* que optimicen el rendimiento de una web de nueva creación.
- Enseñar a reconocer e identificar herramientas que promuevan el *Inbound Marketing*.
- Enumerar los beneficios que reporta una comunidad 3.0 al entorno del negocio como una fuente de obtención de tráfico cualificado.
- Describir la esencia de una empresa con ADN social.
- Dar a conocer el funcionamiento de *Facebook Ads* como estrategia de *marketing* dinámica 3.0.

5. Resumen

El reto de emprender va más allá de poner en marcha apasionadamente una **idea emprendedora.**

Como todo aquello que tiene éxito y permanece en el tiempo, la puesta en marcha de un negocio *online* **requiere de técnicas** y **conocimiento.**

El negocio en sí mismo debe ser una propuesta que dé soluciones a un cliente que busca en internet aquellas alternativas que pueden cubrir sus deseos o necesidades. Pero a la misma vez, la presencia del negocio en internet debe estar diseñada en coherencia a esas soluciones que se ofertan en la empresa.

Como primeros **elementos básicos, una web de negocios** deberá cumplir con las premisas de:

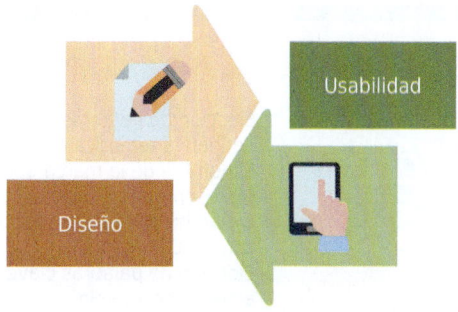

Sin estos componentes no podrás inspirar ni emocionar al usuario que navega por el ciberespacio. El diseño **despierta el interés** del usuario; la usabilidad consigue **cumplir con las expectativas** del cliente cuando navega a través de la página web.

El diseño del sitio web debe permitir apreciar una **estructura de contenido jerarquizado.** Esta distribución facilitará de manera intuitiva la navegación del usuario, ayudando a que la experiencia sea grata y haciendo que el futuro cliente permanezca en la página.

Una vez organizada la estructura de la página y para que esta pueda ser vista en internet, será requisito imprescindible disponer de un **dominio** con el que identificar el nombre del sitio web de tu negocio y un alojamiento donde pueda ubicarse el dominio elegido.

Entre los principales tipos de dominio están los siguientes:

Dependerá de las características de tu negocio, optes por un dominio u otro, pero en cualquier caso el nombre del dominio elegido vendrá dado por factores como:

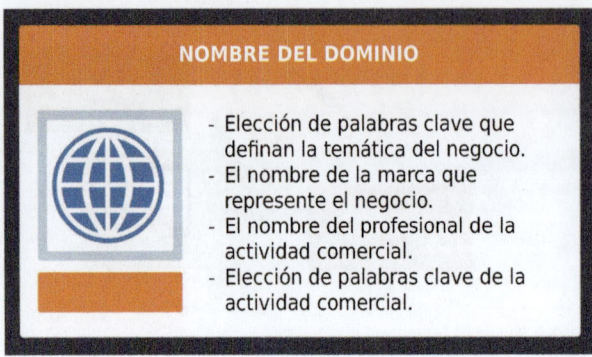

Independientemente de si el nombre del dominio elegido es para empresa o para profesional de una actividad comercial, en ambos casos será necesario comprobar si el nombre del dominio está disponible para ser adquirido. De ser así, tendrás que **registrar el dominio** a través de una entidad registradora reconocida por ICANN (Corporación de Internet para la Asignación de Nombres y Números).

Los pasos que tendrás que dar para disponer de tu propio dominio vienen definidos a continuación:

Comprobar que el dominio esté libre.

Seleccionar la duración de permanencia del dominio.

Valorar servicios adicionales.

Alta del registro.

Proceder al pago del dominio.

Una vez dispongas del dominio, tendrás que elegir un **proveedor** para un diseño web a medida. Trata de seleccionar uno que dé soluciones como estas:

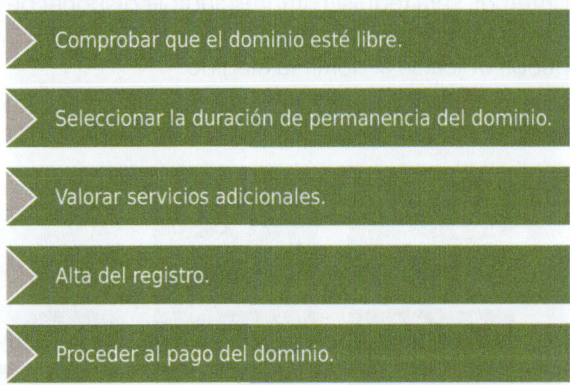

Un proveedor que tenga experiencia y cuente con un portfolio de clientes satisfechos.

Continúa en página siguiente >>

<< Viene de página anterior

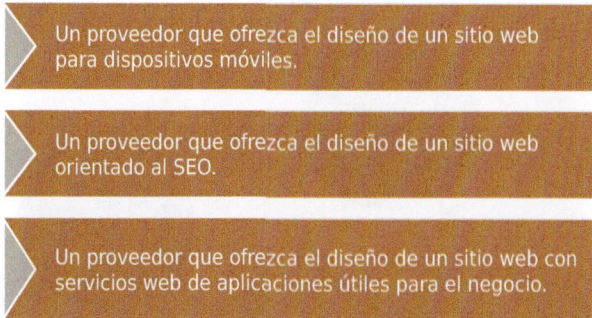

Una vez escojas el proveedor que más te guste, no olvides que para el usuario que acceda a tu web, la experiencia debe ser grata, sencilla e intuitiva, pero, además, tu página web debe contar con las **herramientas de análisis** adecuadas para optimizar al máximo el rendimiento en internet.

Una web corporativa necesita medios para medir el ratio de conversión, tráfico web y todas aquellas técnicas de posicionamiento que deben servir para difundir de la mejor manera posible el contenido de tu web.

Prácticamente todos los editores web cuentan con una galería de *plugins* o aplicaciones que te ayudarán a aplicar las **técnicas SEO** que tu sitio web necesita; además de elementos básicos, con los que deberá contar un sitio web profesional como el tuyo:

También puedes incorporar tecnología a tu empresa digital si optas por capacitar a tu negocio *online* de propuestas basadas en la **realidad virtual.**

Esta tecnología hace posible que los negocios:

- Provean de nuevas experiencias a los usuarios
- Despierten el interés en clientes ya sobreestimulados
- Destaquen entre la competencia

Independientemente de si incluyes esta tecnología virtual o no, debes asegurarte de la existencia de una coherencia incuestionable entre la cara visible de tu negocio *(Frontoffice)* y la maquinaria que hay detrás de él *(Backoffice)*, vital para el funcionamiento del mismo.

Una adecuada infraestructura *Frontoffice* en tu comercio *online* deberá tener en cuenta aspectos relativos a:

Frontoffice

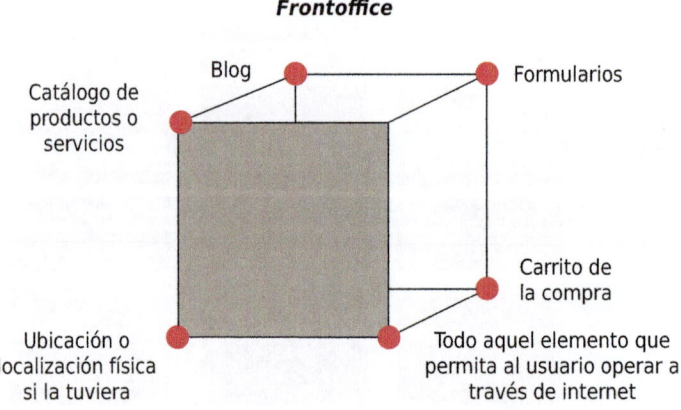

- Blog
- Formularios
- Catálogo de productos o servicios
- Carrito de la compra
- Ubicación o localización física si la tuviera
- Todo aquel elemento que permita al usuario operar a través de internet

Por otra parte, con el *Backoffice* se consigue gestionar todo aquello que se ofrece en el escaparate de tu negocio o tienda *online*.

El *Backoffice* es el sistema operativo de tu empresa en internet; por tanto, de él dependerá el buen funcionamiento del negocio.

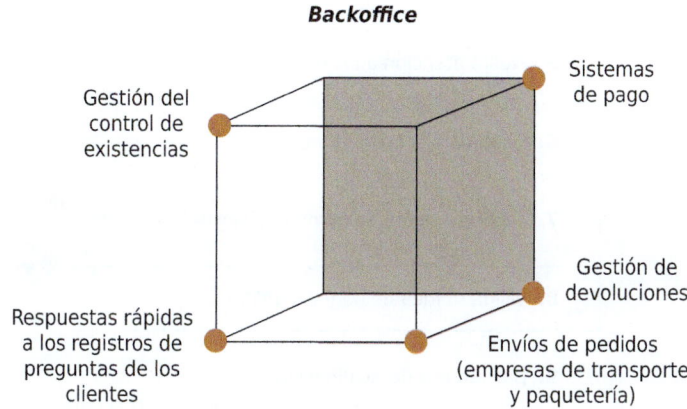

Backoffice

Teniendo en cuenta todo lo anterior, no debes olvidar que la **concepción de un negocio** *online* deberá contemplar:

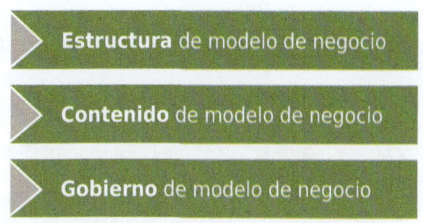

- **Estructura** de modelo de negocio
- **Contenido** de modelo de negocio
- **Gobierno** de modelo de negocio

Llegado el momento, y para **emprender** *online,* no olvides los siguientes consejos:

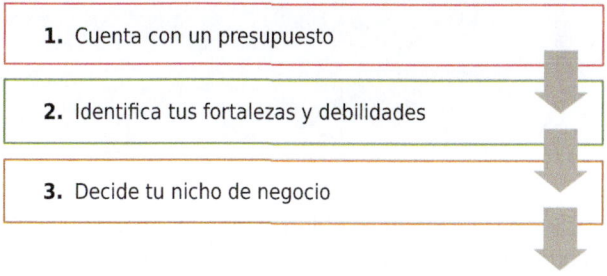

1. Cuenta con un presupuesto

2. Identifica tus fortalezas y debilidades

3. Decide tu nicho de negocio

Continúa en página siguiente >>

<< Viene de página anterior

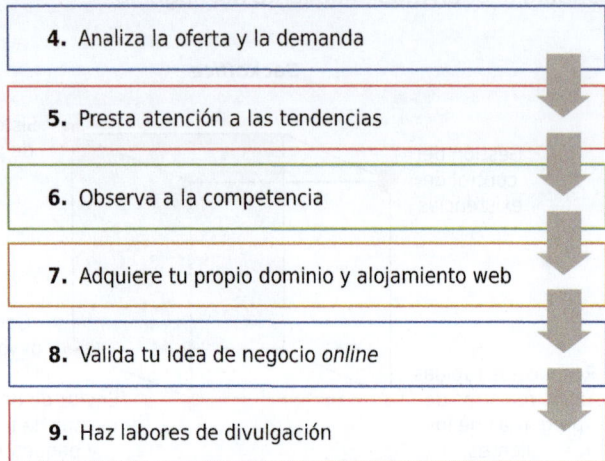

4. Analiza la oferta y la demanda

5. Presta atención a las tendencias

6. Observa a la competencia

7. Adquiere tu propio dominio y alojamiento web

8. Valida tu idea de negocio *online*

9. Haz labores de divulgación

Además del listado anterior, no descartes incorporar a tu nuevo negocio *online* una estrategia de **Inbound Marketing,** la cual se servirá del blog como herramienta para atraer y convertir tráfico a tu sitio web.

Estas son las ventajas de incluir el *marketing* de contenidos en un blog corporativo:

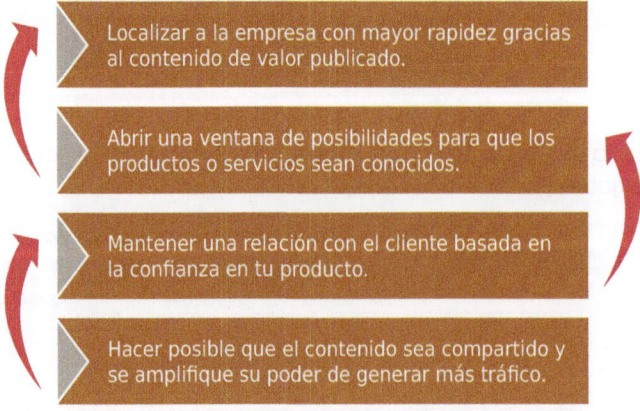

Localizar a la empresa con mayor rapidez gracias al contenido de valor publicado.

Abrir una ventana de posibilidades para que los productos o servicios sean conocidos.

Mantener una relación con el cliente basada en la confianza en tu producto.

Hacer posible que el contenido sea compartido y se amplifique su poder de generar más tráfico.

Es imposible concebir una realidad comercial sin la presencia de estrategias de *marketing* acorde a los nuevos tiempos. Por este motivo, se hace imprescindible el conocimiento y aprendizaje de nuevas tácticas comerciales para que los negocios puedan conseguir sus propósitos.

En este sentido, cada vez toma mayor relevancia el ***marketing* 3.0** que, unido a la generación de una **comunidad de usuarios** atraída por intereses comunes, hará posible que de nuevo la tecnología brinde más oportunidades para las empresas.

Para comprender este nuevo enfoque del *marketing,* verás cómo han ido evolucionando los objetivos que se han ido persiguiendo:

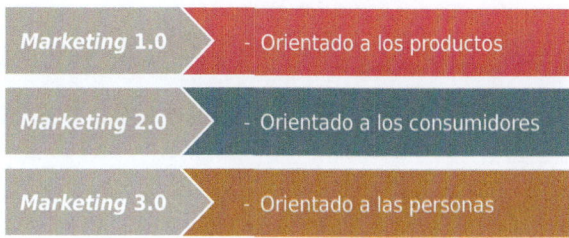

Ahora, en el presente, las estrategias de *marketing* están basadas en las personas como individuos íntegros y completos, de tal manera que el enfoque comercial es mucho más holístico y humano, dirigido principalmente a cubrir los intereses de las personas.

Sin embargo, el nuevo enfoque empresarial tiene que **hacer protagonista al cliente** desde donde se tendrán en cuenta las iniciativas de los usuarios como **propuestas de valor.** Por ello, toma relevancia la **cocreación** entre empresas y usuarios para contribuir ambos en obtener un resultado de **impacto social.**

En todo este entramado, la tecnología vuelve a aliarse con las empresas y se desarrolla un tipo de ***marketing* dinámico** caracterizado por incorporar una tecnología que disminuye los esfuerzos por localizar clientes potenciales que pudieran estar interesados por tus productos.

Esta tecnología al alcance de cualquier negocio es capaz de detectar el interés que muestra el usuario de manera instantánea cuando navega por internet, despertando una alerta en la empresa que será aprovechada automáticamente por ella.

No olvides que la fórmula más acertada para que tu nuevo negocio reciba valor es dándolo tú mismo.

Ejercicios de autoevaluación
Unidad de Aprendizaje 2

1. **Indica si las siguientes afirmaciones son verdaderas o falsas:**

    a. El diseño de una web es la ejecución de la estructura de un sitio web, que engloba una planificación de la página *online* acorde a la temática y a los contenidos dirigidos a un público objetivo, culminando en un entorno virtual de agrado para los usuarios.

    - ■ Verdadero
    - ■ Falso

    b. La usabilidad de una web engloba los atributos de funcionalidad y eficiencia, virtudes de una página web que hacen que el usuario permanezca en esta tanto por su fácil uso como por las emociones que despierta al navegar por ella, haciendo de ella una experiencia grata y emocionante para el usuario.

    - ■ Verdadero
    - ■ Falso

    c. El diseño de una web despierta emociones al usuario mientras que la usabilidad estimula la inspiración.

    - ■ Verdadero
    - ■ Falso

2. **La arquitectura del diseño de una web debe contemplar ingredientes como:**

    a. Políticas de privacidad.
    b. Contenido claro y jerarquizado.
    c. Navegación sencilla y fórmulas de contacto de la empresa.
    d. Todas las opciones son correctas.

3. Se denomina *hosting* a:

    a. La denominación única y exclusiva de un sitio web.
    b. Al equipo informático o área virtual donde se localiza el área de alojamiento web.
    c. Al lugar donde queda recogida la web, también denominado alojamiento web.
    d. Todas las opciones son incorrectas.

4. La elección del nombre del dominio de un profesional dependerá de:

    a. Si se elige el nombre del profesional.
    b. Si se elige el nombre de la actividad que la defina.
    c. Si se elige el nombre del profesional y la palabra clave que defina la actividad.
    d. Las opciones a y c son correctas.

5. Un buen proveedor para diseñar una web a medida deberá contemplar:

    a. La posibilidad de incorporar herramientas de análisis de posicionamiento web.
    b. Plantillas de diseño profesional a un precio asequible.
    c. La obligatoriedad de adquirir el dominio con él.
    d. Todas las opciones son correctas.

6. Una manera eficaz de incorporar a la web herramientas que favorezcan la experiencia de usuarios es a través de:

    a. Fotografías divertidas.
    b. Vídeos.
    c. La realidad virtual.
    d. Todas las opciones son incorrectas.

7. El *Backoffice* de un negocio *online* es:

    a. Aquella parte del negocio *online* que el usuario puede ver a través de la web.
    b. Aquella parte del negocio *online* que el usuario no puede ver a través de la web.

    c. Un *plugin.*
    d. Un *software.*

8. El *Inbound Marketing* es:

    a. Un programa informático de *Google.*
    b. Un tipo de blog corporativo.
    c. Una tecnología de posicionamiento SEO.
    d. Una estrategia de *marketing* orientada a generar valor a las personas.

9. El *marketing* 3.0...

    a. ... está orientado a los consumidores.
    b. ... está orientado a los productos.
    c. ... está orientado a los consumidores y a los productos.
    d. ... está orientado a las personas.

10. Una web semántica es aquella que:

    a. Aprovecha lo que ofrece la tecnología para incorporar elementos que potencien la interacción de los usuarios.
    b. Aprovecha la tecnología para automatizar procesos inteligentes capaces de interpretar y razonar datos.
    c. Aprovecha el movimiento social y las comunicaciones para conectar mediante tecnología, programas y contenidos orientados al usuario.
    d. Todas las opciones son correctas.

Glosario

ADN social
Es el contenido o esencia del negocio, que configura la marca empresarial y que debe ser la mejor apuesta para formar parte del cambio social que el mundo y la economía global necesitan.

Algoritmo
Es una serie de movimientos lógicos y encadenados que llevan a la resolución de una dificultad.

Analítica web
Es aquella técnica basada en la tecnología capaz de crear una ventaja competitiva para la empresa.

Anchor text
Este concepto hace referencia a la palabra o palabras que constituyen el vínculo o *link* que traslada desde una página web a la otra. Es la palabra perceptible por el usuario en la que este hace clic.

Anuncio
Mensaje publicitario a través del cual el emisor pretende dar difusión para incentivar la compra del elemento publicitado.

Archivo robots.txt
Es el archivo al que acuden las arañas de *Google* para saber si quieres o no que el documento sea indexado.

Atributo Alt
Es una indicación a *Google* de la descripción de una imagen para que esta sea reconocida, es decir, gracias al atributo Alt el buscador puede interpretar lo que la imagen muestra.

Base de datos
Acumulación de información de la que dispone una empresa o profesional.

Backlinks
Son todo link que enlaza a tu sitio web y que aparece en cualquier otro sitio web distinto al tuyo.

Backlinks Dofollow
Los enlaces *Dofollow* tienen la capacidad de indicarles a los motores de búsqueda de *Google* que sigan el enlace. Si una página incluye estos enlaces en su sitio web, conseguirá que aumente la autoridad del nuevo sitio enlazado disminuyendo el de la propia página que los incluye. Se debe saber que estos enlaces sirven para que *Google* descubra contenidos y páginas nuevas.

Backlinks Nofollow
Son enlaces que se reciben en la web mediante un dominio externo, pero que no influye en el ranking de posicionamiento web. Sin embargo, juegan un papel fundamental, ya que, al no estar "vigilados" por *Google,* contendrán información de calidad para los usuarios de internet que acceden a él.

Backoffice
Es toda aquella parte del negocio online que el usuario no ve. Es la parte de la empresa que hace posible que la actividad del negocio *online* sea operativa.

Blog
Es un sitio web que tiene como hilo conductor un tema específico y en donde se publica contenido periódicamente.

Blogger
Persona física o jurídica que hace labores de redactor y que mantiene, gestiona y publica publicaciones en un blog en la web, de manera constante y periódica.

Blogs PBN
Es una red que puedes crear englobando un conjunto de blogs con idea de poder optimizar las estrategias de *Link Building*. Aunque es un sitio web, puede considerarse como una estrategia de posicionamiento SEO en sí, principalmente para proyectos de reciente creación.

Buscador
También denominado motor de búsqueda, es un servicio coordinado que funciona como herramienta que permite al usuario localizar información en internet.

Canal de comunicación digital
Medio virtual a través del cual se emiten y reciben mensajes, ideas o sentimientos entre diferentes interlocutores.

Ciclo de experiencia de usuario
Es el recorrido que engloba toda la experiencia de consumo vivida por un cliente, cuando parte de una necesidad o solución de un problema hasta que este queda resuelto.

Cliente digital
Aquel usuario que ha fidelizado al menos en una ocasión con una empresa a través de internet.

Cliente potencial
Aquella persona física o jurídica que, tras un estudio de mercado, se concluye que podría considerarse como posible comprador.

Cocreación
Es un modelo basado en la cooperación dejando a un lado la competencia, donde se permite que el cliente construya su propio producto o servicio.

Comunidad 3.0
Es aquella que surge de las relaciones que se establecen entre las empresas y las personas, por la participación activa de los usuarios, clientes y consumidores, haciendo uso de tecnologías implementadas en las redes sociales, blogs, etc., las cuales permiten y favorecen una comunicación directa y espontánea.

Consumidor
Individuo que tiene a su disposición un presupuesto económico para hacer frente a la compra de un producto o servicio.

Contenido jerarquizado
Es aquel que define mejor el concepto de "usabilidad". Esto quiere decir que el contenido debe invitar a seguir profundizando en él.

Contenido de valor
El contenido de una publicación debe servir para informar o para entretener a un usuario que quieras captar como cliente o fidelizarlo si ya lo tienes. Un contenido vacío o carente de valor puede implicar no captar la atención de los nuevos usuarios, pero además asumirás el riesgo de perder a los que te siguen.

Contenido web

Son todos aquellos recursos de información que son expuestos en páginas web con el fin de transmitir información específica y relacionada con la temática tratada en ese espacio de internet.

Cookies

Son una pequeña advertencia enviada por un sitio web que, una vez aceptadas por el usuario, este da permiso para que el sitio web pueda consultar su actividad por el navegador donde han quedado almacenada las *cookies.*

Crawl Budget

Es el término que define el presupuesto de rastreo que *Google* destinará a cada sitio web.

Cultura colaborativa

Es la filosofía de empresa que se desarrolla en un entorno participativo.

Diseño web

El diseño de una web es la ejecución de la estructura de un sitio web, que engloba una planificación de la página *online,* acorde a la temática y a los contenidos dirigidos a un público objetivo, culminando en un entorno virtual de agrado para los usuarios.

Directorio

Es un lugar virtual gestionado por profesionales, donde quedan identificadas, ordenadas y clasificadas las diferentes webs encontradas en internet.

Dominio

Es el nombre que identifica un sitio web único.

Dominio de primer nivel

También llamados TLD, son las expresiones genéricas que diferencian la usabilidad o funcionalidad del sitio web que representa.

Dominio de segundo nivel

Son los dominios que pueden ser registrados por cualquier usuario. Equivale a la nominación de la página web.

Dominio de tercer nivel

También conocido como subdominio, estará al lado izquierdo del dominio de segundo nivel y responde normalmente a los caracteres www.

E- Business

Modelo de empresa o negocio digital.

E-Commerce
Un modelo de negocio basado en la tiendas *online* o comercio electrónico. Desde esta plataforma se comercializan los productos y servicios, y el cliente puede hacer el pedido directamente.

Economía digital
Economía que se desarrolla aprovechando las oportunidades que ofrece internet.

Ecosistema digital
Ambiente que se crea en el entorno de internet en el que se establecen relaciones entre clientes y empresas de manera natural.

Emprender
Acción de iniciar una idea emprendedora.

Engagement
Su significado hace referencia al compromiso de participación del cliente. Es necesario que los contenidos cuenten con un componente emocional elevado; si despiertas emociones en el usuario, es probable que se anime a interactuar con él, compartiendo la publicación o comentando la misma. En este sentido, y si el usuario reacciona, conseguirás que tu marca se acerque más al cliente.

Enlace
También denominado *link,* es un área de un sitio web, ya sea imagen o texto, que, al pinchar en él, te redirige a otro sitio web.

Enlaces externos
Son aquellos vínculos que se fijan manualmente dentro del contenido de las páginas web y que, al pinchar en ellos, redirigen hacia otros contenidos o páginas distintas a la web donde se insertan (diferentes dominios).

Enlaces internos
Son aquellos vínculos que se fijan manualmente dentro del contenido de las páginas web y que, al pinchar en ellos, redirigen hacia otros contenidos o páginas de la misma web.

Enlaces rotos
Hacen referencia a los vínculos insertados en una página web que, por motivos varios (desaparición de la página o dirección errónea), ya no son útiles ni redirigen a ningún sitio web.

Entorno digital
Espacio físico o virtual alrededor del cual las personas se relacionan a través de la tecnología.

Estrategia de *marketing* de contenidos
Es aquella capaz de generar contenido de valor al usuario, generando un vínculo de interés con la temática.

Estrategia digital
Ruta o manera en que la empresa orienta digitalmente sus procesos organizativos, con el fin de poder ser más eficiente, más competitiva y poder sobrevivir en esta economía global.

Estrategia digital de fidelización y generación de ventas
Acciones para incrementar las acciones de *marketing online* para la generación de una mayor interacción en los perfiles en redes sociales de la empresa.

Estrategia digital de posicionamiento web
Acciones para adquirir un mayor alcance o visibilidad de la empresa, posicionándose mejor en la red.

Estructura de contenido jerarquizado
Es la estructura de una página web cuya distribución facilita de manera intuitiva la navegación del usuario, ayudando a que la experiencia sea grata y haciendo que el futuro cliente permanezca en la página.

Etiqueta
Hace referencia a un sistema de clasificación de recursos web mediante palabras clave.

Experiencia de usuario
Es el recorrido como conjunto de vivencias que realiza un usuario desde internet, mostrando interés de compra hasta que se produce el consumo del producto o servicio.

Facebook
Es una red social que, aunque en apariencia es más informal que *Twitter,* es un excelente vehículo para publicar material publicitario para que este pueda ser compartido rápidamente. Es una red perfecta para contar historias.

Foros
Son lugares de encuentros virtuales donde los usuarios participan activamente comentando noticias o publicaciones.

Formulario de contacto
Es la opción que se le da al usuario de contactar, vincularse o suscribirse a un sitio web.

Frontoffice
Es aquella parte del negocio *online* que el usuario puede ver. Es todo aquello que es visible desde la web y que permite que el cliente acceda al contenido del negocio interactuando desde la página del sitio web.

Hashtag
Etiqueta que te permite organizar un contenido en una publicación pública en redes sociales.

Herramienta digital
Recurso que facilita a las personas y organizaciones la interacción, tareas y procedimientos en un entorno online.

Hosting
Es el lugar donde alojas tu página web, de tal manera que puedas almacenar en este sistema tus documentos, imágenes, vídeos, etc. Es importante, puesto que de él depende la velocidad por la que acceden y navegan los usuarios; por tanto, hay que saber elegir un *hosting* de calidad.

HTTPS
Hace referencia al protocolo que modula el intercambio de datos entre el cliente y el servidor.

ICANN
Corporación de Internet para la Asignación de Nombres y Números, organismo que controla internacionalmente los dominios de internet.

Imagen corporativa
Es la imagen profesional del negocio más allá del mero hecho comercial, transmitiendo un servicio añadido que potenciará sin duda la marca del negocio siendo reconocible esta imagen corporativa por el público de internet.

Inbound Marketing
Es una práctica de las empresas que centra la atención en las personas. Esto significa que las campañas que surgen de esta metodología están orientadas a ofrecer un contenido de valor, ya sea informativo o educativo, para el usuario.

Influencer

Persona con competencias digitales comunicativas capaz de generar y mantener audiencia en internet.

Indexación

Es la maniobra por la cual los motores de búsqueda del buscador rastrean e identifican un nuevo contenido web para ser incorporado a su base de datos. Sin este aspecto será imposible obtener una eficaz y rápida presencia con un buen posicionamiento web.

Inteligencia artificial

Agudeza digital en el tratamiento de datos, generada por la tecnología de la información, que tiene por objetivo superar la mente humana.

Intención de compra

Es aquella muestra de acción dirigida por un usuario o cliente que denota un grado de interés en su adquisición.

Leads

También denominados prospectos, son aquellos potenciales usuarios de los que se ha podido obtener alguna información que permita ser clasificados como potenciales clientes para el negocio.

Librería SWFObject

Es un método que permite integrar documentos Flash en un sitio web sin que los usuarios tengan la necesidad de tener descargado o habilitado Flash Player (software programa de Windows).

Link Building

Es una técnica empleada para la creación de enlaces para favorecer y potenciar el posicionamiento web.

Mapa de sitio (Sitemap)

Es un archivo que puede estar representado por diferentes formatos y cuya principal funcionalidad es la de facilitar a los buscadores el rastreo, la indexación y el aumento de tráfico de un sitio web.

Marca personal

Es un concepto que trata de definir a las personas como si fueran marcas, distinguiéndolas por lo que hacen. Cada persona posee, por tanto, una identidad única que le hace diferente y le distingue del resto.

Marcadores sociales
También llamados *Social Bookmarketing,* son una especie de espacios sociales que permiten archivar, clasificar y compartir vínculos en internet.

Marketing de contenidos
Tipo de publicación que aporta contenidos de valor y gratuitos para los usuarios.

Marketing digital
Conjunto de acciones o estrategias comerciales para publicitar y comercializar productos y servicios en un entorno digital.

Marketing programático
Es un área específica de *marketing* especializado que trata de integrar eficientemente la tecnología, los datos y el *marketing* digital.

Marketing 1.0
Es aquella disciplina orientada a los productos con el objetivo de que estos sean motivo de compra del consumidor.

Marketing 2.0
Es aquella disciplina orientada a los consumidores con el objetivo de atraerlos al negocio con tácticas de *marketing* basadas en los deseos de compra del consumidor.

Marketing 3.0
Es aquella disciplina cuya filosofía está basada en el conocimiento profundo del público objetivo con idea de atraerlos hacia el negocio con tácticas de *marketing* basadas en los valores.

Meta *Description*
Es un tipo de meta etiqueta que sirve para describir el contenido del sitio web. Los buscadores localizan esta información gracias a ella, que les sirve a modo de índice en su base de datos.

Meta etiquetas
Son elementos en formato HTML que se incorporan en tu sitio web con el fin de que los motores de búsqueda descifren el código asociado y puedan incluir información de reseña sobre la página en forma de metadatos. De alguna manera, las etiquetas meta incorporan en su código contenido resumido, dirigido a los buscadores de internet.

Meta *Keywords*

Son un tipo de meta etiqueta que sirve para que un contenido básico quede resumido en muy pocas palabras. Actualmente, y con la proliferación del uso de las palabras clave, este tipo de etiqueta meta ha perdido relevancia para el SEO.

Meta *Nositelinlssearchbox*

Con esta meta etiqueta se da instrucciones a *Google* para que no muestre una caja de búsqueda en el sitio web, y así no ponérselo fácil al usuario que ha accedido a la página para que no realice otra búsqueda.

Meta *Nosnippet*

Esta etiqueta meta evita, si este es el propósito, que *Google* aporte el contenido como una respuesta directa a una búsqueda de usuario. Lo que hace *Google* es utilizar parte del contenido del sitio web para dar respuesta al usuario, de forma que el texto respuesta aparece como un fragmento destacado del contenido. Es posible decidir o no evitarlo.

Meta robots

Son un tipo de meta etiqueta importante porque permite seleccionar el parte de un contenido para ser localizado por los buscadores. Esto es posible porque los códigos de los meta robots dan instrucciones, autorizando por ello un rastreo determinado.

Meta *Viewport*

Es un tipo de meta etiqueta que sirve para informar de cómo de grande se expondrá el sitio web en el dispositivo.

Modelo de negocio digital

Prototipo de negocio que se desarrolla y crece en un entorno digital utilizando herramientas y recursos tecnológicos.

Multiplataforma

Es el sitio web que permite acceder a él desde cualquier lugar sin estar condicionado al uso de un ordenador.

Newsletter

Publicaciones comerciales de distribución masiva mediante *e-mails.* Su difusión es periódica y persigue aportar contenido de calidad e interés con el fin de fidelizar a los clientes.

Páginas estáticas

Son páginas web fijas en las que se informa de aspectos relativos a la historia del negocio y/o las pretensiones de un blog.

Palabras clave *(Keywords)*
También conocidas con el nombre de *Keywords,* son aquellas que se escriben en la caja de texto de búsqueda de *Google,* o cualquier otro buscador, y mediante las cuales se obtiene un listado de resultados de búsqueda.

Plataforma digital
Es un lugar virtual donde se agrupan mediante un sistema organizado gran cantidad de información y recursos.

Plugin
Este concepto hace referencia a una aplicación complementaria a un software original existente que le aporta una nueva característica ofreciendo un servicio añadido.

Porfolio
Es el conjunto trabajos y proyectos para dar a conocer la experiencia como profesional o de la empresa.

Posicionamiento web
Engloba un conjunto de acciones y técnicas que permiten que una página web determinada sea localizada y aparezca en los primeros puestos de internet, de tal manera que, cuando un cliente, consumidor o usuario realice una búsqueda mediante palabras, esta aparezca en las primeras posiciones.

Podcast
Hace referencia a un documento en formato audio.

Proveedor web
Es aquella empresa que dispone de una plataforma *online* desde la cual es posible crear, editar y diseñar un sitio web.

Publicaciones digitales
Es un modelo de negocio que orienta sus acciones a la creación de publicaciones digitales como cursos *online,* artículos en revistas digitales, contenido en blogs, etc.

Realidad virtual
Tecnología que permite crear espacios simulados.

Red social
Un canal de comunicación *online* para usuarios de la red de internet.

RGPD (Reglamento General de Protección de Datos)

Representa el nuevo marco jurídico de protección de datos. Diseñado para unificar reglas comunes en Europa, hasta ahora la Ley de Protección de Datos (LPDO) era la que regulaba en España los asuntos relativos en materia de protección de datos. El RPGD es de obligado cumplimiento por empresas, sociedades, comunidades, asociaciones y autónomos. Protege a todo ciudadano de la Comunidad Europea, pudiendo presentar reclamaciones en caso de ver vulnerados sus derechos.

Responsive

Diseño mediante el cual se adapta el contenido del desarrollo web al tamaño de pantalla del dispositivo que está requiriendo su uso.

Resultados naturales

También conocidos como resultados orgánicos, resultan ser el contenido mayor del que dispone un buscador en su base de datos y son la consecuencia de la exploración continua que realizan los buscadores para aumentar su plataforma de información.

Resultados patrocinados

Son los resultados de búsqueda que aparecen en las primeras posiciones justo antes de los resultados naturales o bien a la derecha de la pantalla, ya que la empresa anunciadora paga por contar con una visibilidad mayor. Sin embargo, esto no significa que tengan mayor garantía de éxito.

Servidor

Puede ser un equipo informático o bien una zona virtual en donde se localiza el área de alojamiento. Todo dominio dirige a un servidor, que facilitará la comunicación entre diferentes dominios gracias a la dirección IP de cada uno de ellos.

Sitio web

Es una página o sitio de internet con un dominio y dirección IP propia.

Smartphone

Teléfono móvil con conexión a internet.

SEO *(Search Engine Optimization)*

Es una potente herramienta de posicionamiento web que engloba un conjunto de acciones, cuyo objetivo es redirigir y aumentar el tráfico web de una empresa ocupando los primeros puestos de visibilidad en internet.

Software
Sistema o conjunto de programas informáticos con ciertas pautas de actuación que permite realizar diferentes tareas.

Startup
Negocio de reciente creación que está despegando.

Subdominio
Es la atribución de aquel sitio web que está enlazado a una web principal.

Técnica
Arte o habilidad. Destreza con la que se cuenta para realizar un trabajo o una labor.

Tecnología
Instrumentos, recursos o procedimientos procedentes de la innovación científica que facilitan el progreso del campo o sector donde se apliquen.

Tecnología de la información
Es aquella tecnología capaz de proporcionar, almacenar, recuperar, transmitir y manipular información.

Tecnología Flash
Es aquella que admite el diseño de páginas web muy atractivas, caracterizadas por contar con tecnología gráfica con un resultado realmente sorprendente.

Tecnología Jetpack
Es una tecnología que conjuga una gama de funcionalidades, optimizando así la puesta en marcha de una web de un negocio de nueva creación.

Tecnología sincrónica
Es aquella tecnología que detecta el interés que muestra el usuario de manera instantánea cuando navega por internet.

Tráfico cualificado
Hace referencia a toda visita susceptible de hacerse cliente a corto plazo y ser rentable para el negocio.

Tráfico web
Hace referencia al volumen de visitas que recibe un sitio web.

Transformación digital

Proceso al que se somete una persona física o jurídica mediante el uso de las tecnologías.

URL *(Uniform Resource Locator)*

Se define como una relación de símbolos que pueden ser letras, números y otros caracteres que sirven para identificar y nombrar recursos de internet.

Usabilidad web

Engloba los atributos de funcionalidad y eficiencia de una web, virtudes que hacen que el usuario permanezca en esta tanto por su fácil uso como por las emociones que despierta al navegar por ella, generando una experiencia grata y emocionante para el usuario.

Usuario

Persona física o jurídica que utiliza internet como medio recurrente.

Value Management

Hace referencia a una filosofía empresarial o comercial, en la que la gestión íntegra de la actividad del negocio está orientada a la gestión de valor hacia el cliente y no tanto al producto o servicio que se comercializa.

Ventaja competitiva

Elemento clave para identificar oportunidades empresariales, pero también para detectar amenazas disfrazadas en un entorno económico global donde se desarrollan las empresas del siglo XXI.

Versión *Responsive*

Esta característica del diseño web hace posible que el acceso al sitio pueda realizarse desde cualquier tipo de dispositivo móvil. Este aspecto es vital, ya que la gran mayoría de los usuarios de internet utilizan tabletas y móviles para buscar temas de interés.

Visibilidad *online*

Es la presencia en internet que tienen las empresas para aumentar la oportunidad de venta de sus productos o servicios.

Visión global

Capacidad que posee una persona para identificar nuevas oportunidades de negocio en un entorno global.

Web con temática específica

Son webs con alta reputación que responden a sitios oficiales cuyo contenido corresponde a una temática específica. Por ejemplo: las webs corporativas de equipos de fútbol, federaciones, marcas, etc.

Web corporativa

Herramienta que sirve a las compañías para promocionar su imagen de marca en el mercado a través de internet; también se utiliza para publicar ofertas de empleo.

Web semántica

A diferencia de otro tipo de web, esta se caracteriza por el movimiento social que generan las comunicaciones que fluyen por ella, capaces de conectar "inteligentemente" a través de tecnología, programas y contenidos orientados al usuario.

Bibliografía

Monografías

→ HERRADÓN, A. M.: *Marketing electrónico para pymes. Cómo vender, promocionar y posicionarse en internet*. RA-MA, S. A. Editorial y Publicaciones 2012.

> La autora de este libro ofrece una guía detallada de maniobras propias del *marketing online* para pequeñas y medianas empresas que perduran en el tiempo, aunque sirve de reflexión para realizar una comparativa con las nuevas maneras de hacer del *marketing* 3.0.

→ KOTLER, P.: *Marketing 3.0*. LID , 2012.

> Philip Kotler fue propulsor de la nueva disciplina del *marketing* denominado 3.0. En el libro explica la evolución y desarrollo que ha sufrido el *marketing* digital con la incorporación de las nuevas tecnologías de la información.

→ NOGUERA, J.: *Las claves para dominar el SEO*. Createspace 2016.

> Su autor, José Noguera, cuenta los principios básicos para dominar el SEO. Se trata de una guía que forma parte de un trabajo sobre *marketing online.*

Textos electrónicos, bases de datos y programas informáticos

→ AHREFS (s.f.), de: <https://ahrefs.com/>.

> Sitio web de Ahreks. Herramienta web para aumentar el tráfico de búsqueda; además, brinda la oportunidad de analizar a la competencia y monitorear el nicho de negocio.

→ Aula formativa: *Ejemplos de formularios web de acceso a aplicaciones o sitios*. Obtenido de *Online Proffesional Training,* de: <https://blog.aulaformativa. com/ejemplos-de-formulario-web-de-acceso-a-aplicaciones-o-sitios/>.

> Artículo en el sitio web de Aula Formativa, donde se muestran diferentes herramientas para incorporar a la web corporativa que permiten la recogida de datos de los usuarios a través de los formularios.

→ BERRY, S.: *¿Por qué Flash es malo para SEO? 6 razones para evitar Flash para SEO*. Blog SEO.com, de: <https://www.seo.com/es/blog/why-is-flash-bad-for-seo/#:~:text=%C2%BFPor%20qu%C3%A9%20es%20malo%20Flash,como%20las%20etiquetas%20de%20encabezado>.

> Artículo que proporciona numerosos motivos por los que hay que evitar el uso de Flash en el SEO.

→ BIZ.LY. (s.f.), de: <https://www.nominalia.com/domains/tld/biz.html>.

> Sitio web para la comprobación de dominios disponibles y registro de los mismos.

→ *Blogger* (s.f.): *Escribe sobre lo que te apasiona y a tu manera,* de: <https://www.blogger.com/about/?r=1-null_user>.

> *Blogger* es una plataforma web desde donde es posible gestionar tu propio blog.

→ Brokenlinkcheck (s.f.): *Comprobador de enlaces rotos en línea,* de: <https://www.brokenlinkcheck.com/broken-links.php#status>.

> Sitio web que permite la comprobación *online* de enlaces rotos que no dirigen a ninguna parte o responden con error.

→ *CANVA* (s.f.): *Diseños increíbles para tu equipo y para ti,* de: <https://www.canva.com/es_es/>.

> *Canva* es una plataforma de diseño profesional, donde es posible crear y diseñar publicaciones en diferentes formatos a través de ediciones de texto e imágenes con calidad profesional.

→ CardBoard 360° (s.f.): *Casos de éxito de realidad virtual en empresa,* de: <https://cardboard360.es/casos-exito-realidad-virtual-empresa/#/Realidad_Virtual_en_negocios_a_pie_de_calle>.

> Sitio web de CardBoard 360°, empresa especializada en generar contenido para ser expuesto a través de la realidad virtual.

→ CO.NR. (s.f.), de: <https://www.freedomain.pro/>.

> Sitio web donde es posible adquirir y registrar gratis el nombre de un dominio.

→ CódigoNexo Experto en soluciones digitales (s.f.): *Definir objetos Flash embebidos en html con SWFOBJECT,* de: <https://www.codigonexo.com/blog/aprendiendo/joomla/definir-objetos-flash-embebidos-en-html-con-swfobject/>.

> Artículo que explica cómo hacer posible con *SWFOBJECT* que una página web con tecnología *Flash* pueda ser vista por cuaquier usuario.

→ Coobis (s.f.): *La plataforma de Content Marketing que conecta editores con anunciantes*, de: <https://coobis.com/>.

> Coobis es un sitio web que conecta a editores con empresas anunciadoras. Una fórmula eficaz para el *marketing* de contenidos.

→ Delicius.com (s.f.), de: <https://bit.ly/2MmIbfK>.

> Imagen de un ejemplo de cómo crear un marcador con *Delicius*.

→ DIGG.com (s.f.), de: <http://digg.com/>.

> *Digg* ha sido referente como sitio web de noticias que ofreció marcador social.

→ *Digital Maker: Digital Makers - Cris Urzua*, de:
<https://youtu.be/YD0S0JlDkbo>.

> Vídeo de Cris Urzua, joven de éxito empresarial, que cuenta su experiencia emprendedora y cómo esta ha ido evolucionando.

→ Emprendiendo Historias: *7 ventajas de crear tu Blog con WordPress*, de:
https://www.emprendiendohistorias.com/ventajas-crear-blog-wordpress/

> Artículo en el sitio web de Emprendiendo Historias donde se explica claramente las pincipales ventajas de utilizar *WordPress* para crear un blog.

→ EXCITE.BOOKMARK (s.f.), de: <http://bookmarks.excite.es/>.

> Sitio web de noticias de diferentes ámbitos sociales, culturales y económicos.

→ Gobierno de España. Ministerio de Economía de Empresa (s.f.): ONTSI. REDES, de:
<http://www.ontsi.red.es/ontsi/es/indicadores/empresas/internet>.

> Estadística e informes sobre los indicadores del uso del internet por las empresas españolas.

→ *GoDaddy LatAm: ¿Para qué sirve un dominio? GoDaddy LatAm*, de:
<https://youtu.be/ay1OGUJ3aT0>.

> Vídeo explicativo sobre la utilidad de tener un dominio registrado del sitio web.

→ *Google: Un cuadro de búsqueda mejorando los resultados de búsqueda*, de:
<https://webmaster-es.googleblog.com/2014/09/un-cuadro-de-busqueda-mejorado-en-los.html>.

> Noticia informativa de *Google* sobre la mejora de los cuadros de búsqueda de sus navegadores.

→ *Google: Buscador Google*, de: <https://bit.ly/2ARrNOP>.

> Imagen que representa el resultado de búsqueda en el navegador de *Google* de "empresa de alquiler de coches".

→ *Google*: *Dale a compartir si te ha gustado,* de: <https://bit.ly/2nKAvox>.

> Imagen del navegador de *Google* que muestra el interés de un contenido web que ha sido compartido por terceros.

→ *Google AdWords* (s.f.): *5 consejos para elegir las palabras clave adecuadas en AdWords,* de: <https://youtu.be/1utQOIlllrg>.

> Vídeo de *Google* para tu negocio que ofrece consejos para aprender a seleccionar las palabras clave adecuadas.

→ *Google* (s.f.): *Búsqueda en Google. Venta de Árboles frutales,* de: <https://bit.ly/2MoQs2H>.

> Imagen de respuesta de búsqueda en el navegador de *Google.*

→ *Google* (s.f.): *Crear y mostrar títulos y fragmentos eficaces en los resultados de búsqueda,* de: <https://support.google.com/webmasters/answer/35624?hl=es#3>.

> Artículo informativo de *Google Seach Console* que habla sobre el texto destacado que se muestra en la respuesta de búsqueda.

→ *Google* (s.f.): *Directrices Google Webmaster,* de: <https://support.google.com/webmasters/topic/6001981/?hl=es>.

> Apartado de *Google Search Console* donde se puede acceder para obtener directrices para *websmasters.*

→ *Google* (s.f.): *Fragmentos destacados en la búsqueda,* de: <https://support.google.com/webmasters/answer/6229325?hl=es>.

> Artículo de *Google Search Console* que habla de cómo crear títulos de páginas descriptivos y fragmentos eficaces para buenos resultados de búsquedas.

→ *Google* (s.f.): *Hacer cabaña palets,* de: <https://www.google.es/search?saf e=active&q=hacer+caba%C3%B1a+palets&sa=X&ved=0ahUKEwjtu6uK7-vcAhXlKMAKHf5_CLMQ1QIIogEoBA&biw=1920&bih=925>.

> Imagen del navegador de *Google* ques ofrece un resultado de búsqueda con la palabra clave "hacer cabaña palets".

→ *Google* (s.f.): *Search Console,* de *Google Webmaster Tools,* de: <https://www.google.com/webmasters/tools/home?hl=es>.

> Imagen obtenida a través de la herramienta gratuita de *Google Webmaster Tools,* la cual proporciona mayor información y recomendaciones sobre la configuración de las etiquetas meta.

→ *Google* (s.f.): *Solicitudes de reconsideración,* de: <https://support.google.com/webmasters/answer/35843?hl=es>.

> Información de *Google* del procedimiento para solicitar el levantamiento de penalizaciones de una página web por contener gran número de enlaces rotos.

→ *Google Websmaster*, de: <https://www.google.es/intl/es-419/webmasters/>.

   Imagen que representa la herramienta de *Google* denominada *Webmaster*, que facilita información a los propietarios de las páginas web para comprobar el estado de la indexación de sus sitios en el buscador de *Google*.

→ *Google Websmaster: URL no seguidas*, de: <https://support.google.com/webmasters/answer/2409684>.

   Imagen que representa información facilitada por *Google Websmaster* sobre las URL no seguidas.

→ *Google Websmaster* (s.f.): *Crear un archivo robots.txt*, de: <https://support.google.com/webmasters/answer/6062596?hl=es>.

   Información de *Google* de cómo crear un archivo robots.txt y bloquear las URL con robots.tx.

→ *Google Websmaster*. (s.f.). *Herramientas Websmasters de Google*, de: <https://www.google.es/intl/es-419/webmasters/>.

   Consejos de *Google Websmaster* para que tu página sea encontrada por los motores de búsqueda.

→ *Hotfrog: Hotfrog. Haz negocio de manera diferente*, de: https://www.hotfrog.es/>.

   Imagen que ofrece resultados de búsqueda en un reconocido directorio de internet denominado *Hotfrog*.

→ IANA (s.f.), de <https://www.iana.org/>.

   Sitio web de IANNA, autoridad de gestión de direcciones IP asignados en internet.

→ IBIZA, D.: *WordPress y Marketing Online*: Tutorial 8: Archivo Robots.txt I. Qué es, para qué sirve y cómo crearlo, de: <https://www.youtube.com/watch?v=Hc7J_3vD3El&feature=youtu.be>.

   Tutorial de David Ibiza sobre el comportamiento de los archivos robots.txt y cómo indexarlos.

→ IBIZA, D.: *WordPress y Marketing Online*: *Cómo crear un blog en 8 pasos. Principiantes, fácil, 2019*, de: <https://youtu.be/d3mhlJBl09E>.

   Vídeo tutorial de David Ibiza en el que, paso a paso, explica cómo crear un blog.

→ ICANN (s.f.), de: <https://www.icann.org/es>.

   Imagen obtenida de la organización sin ánimo de lucro ICANN, gestora de todas las entidades de registros de dominios a nivel internacional.

→ INTEF (s.f.): *Crear un marcador desde Delicious*, de:
<http://www.ite.educacion.es/formacion/materiales/155/cd/modulo_5_1_
Feeds_marcad/crear_un_marcador_desde_delicious.html>.

> La página oficial del Instituto Nacional de Tecnologías Educativas y de
Formación del Profesorado explica en este apartado cómo crear un marcador
con *Delicius*.

→ *Iphonedroid, your mobile partner. Los Workshops de co-creación por Emilio
Correa, Head of UX en Iphonedroid,* de: <https://youtu.be/V6AnEQWI7q8>.

> Vídeo del canal de *YouTube de Iphonedroid,* donde Emilio Correa explica una
jornada de trabajo junto con clientes para darles la posibilidad de aprender
de ellos cocreando.

→ LÓPEZ Sánchez, J. L. (s.f.): «Evolución de los modelos de negocio en internet:
Situación actual en España de la Economía Digital», en *Revista Económina
Industrial,* 216.

> Documento sobre la evolución de los modelos de negocios en internet:
situación actual en España de la economía digital, imagen de representación
de modelo de negocio y creación de valor en *E-Business*

→ MACÍAS, R.: *15 estadísticas sobre posicionamiento SEO para 2018,* de:
<https://www.tooltyp.com/15-estadisticas-posicionamiento-seo-2018>.

> Artículo de Raúl Macías publicado en la web de *Tooltyp,* que habla de
estadísticas actualizadas sobre el posicionamiento SEO.

→ Magma Cultura (s.f.), de:
<http://www.magmacultura.com/>.

> Ejemplo de página web con tecnología *Flash.*

→ MARK, J.: *Anuncios Dinámicos en Facebook Ads para tu Tienda Online,* de:
<https://youtu.be/8pLt9BglHWg>.

> Tutorial para aprender a crear anuncios dinámicos en la red social con
Facebook Ads.

→ Metricool (s.f.): *La herramienta definitiva para analizar, gestionar y medir el
éxito de todos tus contenidos y campañas digitales,* de:
<https://metricool.com/wp-content/uploads/Presentaci%C3%B3n-Metricool-
2018-v2-compressed.mp4>.

> Documento de audio del sitio web de *Metricool,* una herramienta web que
admite el análisis y la gestión de contenidos.

→ MOZ: *5 billion searches are performed every day. Be found,* de: <https://moz.com/>.

> Artículo de la empresa especializada en posicionamiento web donde muestra una estadística de prácticas de los usuarios en sus labores de búsquedas de internet.

→ Mundo Deportivo): *¿Qué tienen en común Mohamed Ali, Michael Jordan y el Honda Civic?,* de: <https://www.mundodeportivo.com/motor/20180628/443950304438/honda-civic-leyenda-brl.html>.

> Imagen del blog *Mundo Deportivo* que muestra un enlace externo de calidad.

→ *Namecheap: Search for your domain name,* de: <https://www.namecheap.com/domains/registration/results.aspx?domain=mipanda.com>.

> Imagen obtenida de *Namecheap,* sitio web donde es posible comprobar y adquirir un dominio.

→ Netronics (s.f.): *Diferencias entre URL y DOMINIO WEB,* de: <http://www.netronycs.com/direfencia_entre_url_dominio_web.html>.

> Imagen obtenida del sitio web de *Netronycs,* que invita a conocer la diferencia entre una URL y un dominio web.

→ NothingAD: *Inbound Marketing. Cómo mejorar el posicionamiento SEO de tu página web,* de: *<https://youtu.be/NedBNxD1PrA>.*

> Consejos para mejorar el posicionamiento SEO de una página web utilizando estrategias de *inbound marketing.*

→ OLIVARES, R.: *Así aumento el tráfico de mi web usando inteligencia artificial (Prueba tú también!),* de: *<https://youtu.be/nxT5QaYJHqI>.*

> Tutorial para aprender a atraer tráfico a la web haciendo uso de ciertas técnicas de posicionamiento y herramientas de inteligencia artificial.

→ *Ontsi.red* (s.f.): *Indicadores de empresas en internet,* de: <http://www.ontsi.red.es/ontsi/es/indicadores/empresas/internet>.

> Imagen obtenida de *Ontsi.red,* sobre indicadores de uso de internet por las empresas españolas.

→ *PIXABAY* (s.f.): *Maravillosas imágenes gratis,* de: <https://pixabay.com/es/>.

> Sitio web conocido como plataforma de banco de imágenes libres de derechos de autor.

→ Posicionamiento *Web.Cat* (s.f.): *Estar donde te buscan,* de: <https://posicionamientoweb.cat/historia-evolucion-del-posicionamiento-web-seo/>.

> Artículo del sitio web posicionamiento *Web.Cat,* que cuenta la trayectoria y la evolución del posicionamiento web.

→ Profesional *Hosting*: *¿Qué es un Hosting o Alojamiento Web?*, de: <https://youtu.be/_5OjSrkZ964>.

Vídeo del canal de la empresa profesional *Hosting*, que aclara el concepto y los tipos de *hosting* que existen.

→ *Prosolutions*: *Ventajas y desventajas de CSS*, de: <https://www.prosolutions.es/blog/ventajas-y-desventajas-de-css/>.

Imagen obtenida del artículo de la empresa *ProSolutions*, donde se explican las ventajas y ls inconvenientes de determinados lenguajes de programación para los sitios web.

→ *Publicize* (s.f.): *Publicar*, de: <https://jetpack.com/support/publicize/>.

Sitio web del *plugin Publicize*, que hace que sea posible compartir una publicación con todas las redes sociales.

→ *Publisuites* (s.f.): *La solución definitiva para tu estrategia de marketing de contenidos*, de: <https://www.publisuites.com/>.

Imagen obtenida del sitio web *Publisuites*, una plataforma popular que da soluciones de estrategias de *marketing* que ahorran tiempo y dinero.

→ RAGOSE: *Cómo detectar y reparar enlaces rotos en WordPress – Guía paso a paso*, de: <https://ragose.com/detectar-reparar-enlaces-rotos-wordpress/>.

Imagen extraída del artículo de Ragose, en el que se discute cómo reparar enlaces rotos.

→ RAMOS Lara, B.: *Encontrar Keywords y Palabras Clave de Oportunidad (Herramienta GRATIS)*, de: <https://youtu.be/lsCAgW03blE>.

Tutorial que ofrece consejos y herramientas para mejorar el posicionamiento web.

→ Ryte (s.f.): *Enlaces externos*, de: <https://es.ryte.com/wiki/Enlaces_Externos#Enlaces_externos_y_page_rank>.

Imagen extraída del artículo de Ryte Wiki, empresa de *marketing* digital, que habla de los *links* o enlaces externos que dirigen a un sitio web.

→ *SEMrush* (s.f.): *Herramientas de análisis de palabras clave ilimitadas*, de: <https://www.semrush.com/lp/seo-keyword-magic-tool-2/spa.html?kw=planificador_palabra_clave&cmp=ES_SRCH_Keywords_ES&label=Keyword_Research&network=g&gclid=EAIaIQobChMIkrvbxqH73AIVl-d3Ch0Z9QjAEAAYASAAEgK0BvD_BwE>.

Sitio web de *SEM Rush*, una herramienta web facilitadora de las palabras clave adecuadas para llegar mejor a los clientes que interesan.

→ *Sered hosting profesional*: *Solucionar error 404 en enlaces internos en WordPress,* de: <https://sered.net/hosting/solucionar-error-404/>.

Página del sitio web de *Sered Hosting Profesional* que explica a qué se debe el error de enlaces 404.

→ Simon-kucher (s.f.): *Servicios profesionales,* de: <https://www.simon-kucher.com/es/industries/business-services>.

Enlace que sirve para para establecer relaciones entre las diferentes estructuras de nomenclaturas de enlaces internos y sus ejemplos.

→ Teresa, T. D.: *La verdad sobre las etiquetas meta en el SEO (y cómo usarlas),* de: <http://deteresa.com/etiquetas-meta/>.

Imágenes obtenidas del artículo del blog de Tomás de Teresa donde explica las verdades sobre las etiquetas meta para el posicionamiento SEO.

→ TERESA, T. D. (s.f.): *Cómo crear meta descripciones que atraen clics,* de: <http://deteresa.com/meta-descripcion/>.

Artículo del blog de Tomás de Teresa donde explica cómo crear meta descripciones que atraerán más clics.

→ TERESA, T. D. (s.f.): *La guía 360° del SEO para móviles,* de: <http://deteresa.com/seo-moviles/>.

Artículo del blog de Tomás de Teresa donde publica una guía SEO para dispositivos móviles.

→ TERESA, T. D. (s.f.): *Meta robots: La alternativa inteligente a robots.txt,* de: <http://deteresa.com/meta-robots/>.

Artículo del blog de Tomás de Teresa donde informa sobre los meta robots como alternativa a robots.txt.

→ UNACOR (s.f.): *¿BUSCAS VISIBILIDAD ONLINE?,* de: <https://www.unancor.com/>.

Imagen obtenida del sitio web Unacor, plataforma que agrupa medios de comunicación locales y nacionales.

→ VILLANUEVA, L. M.: *El «famoso» Sitemap - Usos Avanzados y + - #SEOLMV,* de: <https://youtu.be/ngxkEsUpXD8>.

Vídeo explicativo de los mapas de sitio por el experto en marketing digital Luis M. Villanueva.

→ WIX: *Crea la página web que siempre soñaste,* de: <https://es.wix.com/>.

Imagen obtenida del sitio web de *Wix,* reconocido editor de páginas web.

→ Wonde.Legal España (s.f.): *Política de privacidad de un sitio web*, de: <https://www.wonder.legal/es/creation-modele/politica-privacidad-sitio-web>.

Sitio web que da un servicio de inclusión en tu página web de las políticas de privacidad de tu sitio web.

→ *WordPress: Crea un sitio web atractivo hoy mismo*, de: <https://es.wordpress.com/>.

Imagen obtenida del sitio web de *WordPress*, reconocido editor de páginas web.

→ *Wordpress* (s.f.): *All in One SEO Pack*, de: <https://es.wordpress.org/plugins/all-in-one-seo-pack/>.

Sitio web del *plugin All In One SEO Pack*.

→ *WordPress* (s.f.): *All In SEO Pack,* de: <https://424digital.com/best-seo-plugins/>.

Imagen obtenida del sitio web de *All In SEO Pack,* actualmente un *plugin* del conocido editor web *WordPress.*

→ *WordPress* (s.f.): *Crea hoy tu fabulosa página web*, de: <https://es.wordpress.com/create/?sgmt=gb&utm_source=adwords&utm_campaign=Google_WPcom_Search_Brand_Desktop_ES_es&utm_medium=cpc&keyword=wordpress&creative=269546371126&campaignid=662707367&adgroupid=54953985106&matchtype=e&device=c&network=g&targetid=kwd->.

Sitio web de *WordPress* desde donde es posible iniciar los paso para la creación y diseño de una web.

→ *WordPress* (s.f.): *Yoast SEO for everyone*, de: <https://es.wordpress.org/plugins/wordpress-seo/>.

Imagen obtenida del sitio web de *Yoast SEO for everyone*, actualmente un *plugin* del conocido editor web *WordPress.*

→ XATAKA BASICS: *Qué es una dirección IP y cómo puedes saber la tuya,* de: <https://www.xataka.com/basics/que-es-una-direccion-ip-y-como-puedes-saber-la-tuya>.

Artículo de Xataka Basics, que explica y aclara qué es una dirección IP y cómo puedes conocer la de cualquier sitio web.

→ ZABALETA, A.: *Cómo atraer tráfico cualificado a tu sitio web*, de: <https://youtu.be/gleLXQC5GwA>.

Ana Zabaleta en este vídeo da algunas interesantes explicaciones de cómo es posible aumentar y atraer el tráfico cualificado a un sitio web.

→ ZEMANTA (s.f.): *Zemanta: el DSP nativo,* de: <http://www.zemanta.com/>.

Sitio web de la empresa especializada en publicidad nativa llamada Zemanta.

→ Zoosan Agrijardín (s.f.): *Árboles listos para transplantar,* de: <https://zoosan.es/arboles-frutales-cantabria.html>.

Imagen de la página web de la empresa Zoosan tras realizar la búsqueda por palabras clave en el navegador de *Google*.